LE MIEL ET L'ABSINTHE

Paru au Livre de Poche :

L'AMOUR LA SOLITUDE

C'EST CHOSE TENDRE QUE LA VIE

LE CAPITALISME EST-IL MORAL ?

L'ESPRIT DE L'ATHÉISME

LE GOÛT DE VIVRE

PETIT TRAITÉ DES GRANDES VERTUS

PRÉSENTATIONS DE LA PHILOSOPHIE

LE SEXE NI LA MORT

ANDRÉ COMTE-SPONVILLE

Le miel et l'absinthe

Poésie et philosophie chez Lucrèce

HERMANN ÉDITEURS

Ouvrage publié sous la direction
de Jean-Paul Enthoven.

ISBN : 978-2-253-12928-8 – 1re publication LGF

À Christian Bobin.

Avant-propos

Ce ne fut d'abord qu'une conférence. Les « Midis de la Poésie », qui font tant pour le rayonnement de la poésie en Belgique, m'avaient invité à y animer une « lecture », sur un poète de mon choix, mais qui fût de préférence de l'Antiquité... Je proposai Lucrèce. Ce fut accepté avec enthousiasme. La rencontre se tint, comme toutes celles de ce cycle, à l'Auditorium du Musée d'Art ancien, à Bruxelles. J'avais choisi plusieurs extraits de Lucrèce, bien sûr traduits en français, auxquels un excellent comédien, Jules-Henri Marchant, voulut bien prêter sa voix et son talent. On les trouvera, à la place qui fut alors la leur, dans les pages qui suivent, mais joints à d'autres, qui ne furent pas lus ce jour-là ni ne figuraient dans la plaquette qui en fut d'abord tirée[1]. Celle-ci n'était en effet que la transcription, revue et corrigée, de la rencontre qui s'était tenue à Bruxelles, le 5 octobre 1999, dans une ambiance, comme souvent en Belgique, particulièrement chaleureuse et sympathique. Le présent ouvrage en reprend l'essentiel, tout en lui

1. *Lucrèce, poète et philosophe*, Tournai, La Renaissance du Livre, coll. « Conférences des Midis de la Poésie », 2001.

ajoutant de très nombreux développements. Merci à Anne Richter, sans laquelle cette conférence n'aurait jamais eu lieu, à Michel De Paepe, qui en publia la première version, et aux Éditions Hermann, qui suscitèrent la seconde et l'accueillent.

S'agissant de Lucrèce poète, puisque tel était pour moi l'objet le plus neuf de cet exposé, la question des traductions prenait une importance particulière. Lors de la lecture bruxelloise, j'avais retenu celle d'Alfred Ernout, aux Belles Lettres, non qu'elle me satisfît tout à fait, mais parce que je l'utilisais depuis si longtemps qu'elle avait fini par prendre pour moi, certes abusivement, la voix même de Lucrèce. C'est une traduction en prose, venant d'un grand latiniste, mais parfois philosophiquement approximative et, ce qui était en l'occurrence plus grave, ne rendant pas tout à fait justice – mais comment l'aurait-elle pu ? – aux vers somptueux de Lucrèce. Retravaillant mon texte en vue de la première édition, je décidai dans un premier temps d'utiliser la traduction plus récente de José Kany-Turpin, chez Garnier-Flammarion, que j'avais appris entre temps à apprécier. Elle est en prose non seulement « rythmée », comme dit son auteur, mais discontinue, ce qui donne au moins l'apparence d'un texte en vers, certes irréguliers, mais précis et cadencés, avec plusieurs réussites saisissantes. Je commençai donc à en recopier les extraits retenus, toutefois sans m'y sentir tout à fait enfermé : il m'arrivait de préférer telle expression d'Ernout, voire, plus rarement, d'emprunter une formule, quand je la trouvais heureuse, à la traduction souvent méconnue d'Henri Clouard, ou à celle, précise et élégante mais très partielle, de Marcel Conche, dans son petit et admirable *Lucrèce et l'expérience*[1]. Cette espèce de collage atteignit vite ses limites. Il fallait unifier l'ensemble, essayer, si je pouvais, de l'améliorer, quitte, quand je n'étais satisfait par aucune des quatre traductions que je consultais, à retraduire moi-même... J'y pris plus de plaisir que je ne l'aurais cru. J'y passai davantage de temps que je ne l'avais d'abord escompté. La poésie a ses lois, ses exigences, ses contraintes. Je partais d'une traduction en vers, ou qui semblait l'être. Il n'était pas question d'y renoncer. Je commençai donc, d'abord petitement, prudemment, à intercaler un vers, puis deux, puis trois, parmi ceux de Kany-Turpin. La tentation de l'alexandrin, pour transposer l'hexamètre dactylique de Lucrèce, se faisait forte ; je n'y résistai pas longtemps. Celle de la rime ne tarda pas à surgir. Il me parut important, pour ne pas sacrifier la fidélité, d'y renoncer. Au reste, les tentatives du XIXe siècle, que j'ai bien sûr parcourues[2], n'étaient

1. Seghers, 1967, rééd. Mégare, 1970, puis Fides (Québec), 2003. Je n'évoque pas ici les traductions, qui n'étaient pas encore parues, que Charles Guittard et Bernard Pautrat ont depuis publiées. La première, en prose, est très précise mais un peu plate (Éditions de l'Imprimerie Nationale, 2000) ; la seconde, en alexandrins blancs (Le Livre de Poche, 2002), comporte de belles réussites, mais aussi beaucoup plus de vers que le *De rerum natura*, au point de sembler parfois quelque peu diffuse ou distendue. J'ai essayé, sauf de très rares exceptions, de m'en tenir au principe inverse : traduire vers pour vers, quitte souvent à devoir condenser quelque peu.

2. Lucrèce, *De la nature des choses*, traduit en vers français par de Pongerville, Paris, 1828, ou par André Lefèvre, Paris, 1876. Sully Prudhomme avait traduit en vers le livre I du *De rerum*

guère convaincantes : trop de flou dans la pensée, trop de monotonie dans le rythme, avec je ne sais quoi de contraint ou de poussiéreux. Ai-je fait mieux ? Je ne sais. Du moins, libéré de la rime (dont il faut rappeler qu'elle ne faisait pas partie des règles de la poésie latine), suis-je resté plus près du texte et de la pensée de Lucrèce, peut-être aussi, mais ce n'est pas à moi d'en juger, de sa poésie âpre, à la fois sombre et claire, enthousiaste et raisonneuse.

Mon projet n'était d'abord que d'essayer d'améliorer, à la mesure de mes moyens, une traduction existante. Les exigences prosodiques m'entraînèrent pourtant plus loin que je n'avais prévu d'aller. Peu à peu, et avec un plaisir croissant, j'entrepris de retraduire l'ensemble des extraits retenus… C'est cette traduction inédite et parcellaire (il ne s'agit que de morceaux choisis) qu'on lira ci-après. Elle reste fortement débitrice de celles que j'ai utilisées et bien souvent suivies (spécialement celles d'Ernout et Kany-Turpin). Il va de soi que les maladresses ou approximations qu'on peut y trouver ne peuvent être attribuées qu'à moi seul. J'ai privilégié résolument la beauté du chant, autant que j'en étais capable, quitte à renoncer pour cela, lorsqu'il le fallait, à l'exactitude littérale. Au reste le latin est plus dense que le français

---

natura : on trouve cette traduction dans le tome IV de ses *Poésies* (1878-1879), Paris (sans date d'édition). Signalons enfin que C. Martha, dans la belle (quoique aujourd'hui vieillie et émanant d'un adversaire de l'épicurisme) étude qu'il a consacrée à notre auteur, traduisait lui-même en vers rimés les citations, souvent substantielles, qu'il en faisait (*Le Poëme de Lucrèce*, Paris, Hachette, 1869).

(du fait notamment de l'absence d'articles, dont le français ne peut guère se passer), et nos alexandrins contiennent moins qu'un hexamètre latin (lequel peut comporter de treize à dix-sept syllabes). La difficulté est redoublée lorsqu'il s'agit de Lucrèce, chez qui, comme le remarquait Francis Ponge, qui l'admirait pour cela, « la densité de la langue latine se trouve portée à son comble ». Si l'on veut respecter le nombre de vers, comme cela m'a paru nécessaire, on est donc obligé de condenser, presque toujours, et de couper parfois. C'est le prix à payer de la prosodie et du français. Il va de soi que le fond de la pensée, en revanche, devait rester intact. Je m'y suis employé ; je crois y être parvenu.

Les limites de l'entreprise n'en demeurent pas moins. Il ne s'agissait au départ que d'une conférence illustrée, ou d'une lecture commentée : tel est l'esprit des « Midis de la poésie ». Inutile de souligner qu'une telle tentative ne saurait prétendre à aucune exhaustivité. Je ne voulais que faire découvrir Lucrèce, ou le faire redécouvrir, plus de vingt siècles après sa mort, à des amateurs de poésie, qui pouvaient, notre époque est ainsi faite, en ignorer presque tout. Ce sont les mêmes buts, aujourd'hui, que poursuit le présent ouvrage. On voit qu'ils sont modestes. Même considérablement augmentée, comme c'est à présent le cas, cette anthologie ne saurait dispenser de la lecture intégrale du *De rerum natura* (dont je n'ai traduit que 982 vers, soit un peu plus de 13 % de l'ensemble), pas plus que les commentaires qui l'accompagnent ne sauraient invalider ceux, autrement développés ou savants, qu'on trouvera indiqués dans la bibliographie. Ce n'est qu'une promenade, ou plusieurs, dans l'œuvre de Lucrèce (c'est d'ailleurs le premier titre auquel j'avais pensé pour cet ouvrage : *« Promenades lucrétiennes »*), sans autre but que le plaisir d'y retrouver un vieil ami ou un vieux maître, toujours semblable, toujours différent, et de le présenter, peut-être, à quelques amateurs de poésie ou, ce sont parfois les mêmes, de philosophie. « L'illimité est dans Lucrèce », disait Victor Hugo. Encore faut-il y pénétrer. Ce livre n'a d'autre ambition que d'y inciter quelques lecteurs de plus, qui viendront s'ajouter aux centaines de milliers, depuis plus de vingt siècles, qui ont trouvé dans cette « poésie sombre », comme disait encore Hugo, de quoi nourrir leur réflexion et apaiser – malgré celle de Lucrèce, ou grâce à elle – leur angoisse. Le poète, qui a tant chanté la lumière et l'aurore, savait mieux que quiconque ce qu'il faut d'abord traverser, pour voir se lever un soleil, de longue et difficile nuit… C'est le plaisir qui vaut ; c'est la vérité qui libère. Mais on n'y a accès, dans les deux cas, qu'à la condition de surmonter d'abord en nous ce qui nous en sépare. C'est la philosophie même. Que la poésie puisse aussi y aider, tel fut, contre Épicure, le pari de Lucrèce. C'est ce pari que j'ai voulu rendre concevable, pour des lecteurs d'aujourd'hui. Aucune émotion ne tient lieu de pensée. Mais que vaudrait une pensée qui ne serait jamais capable de nous émouvoir ? C'est où la philosophie touche à l'art, ou peut y mener. C'est où l'art, en ses sommets, touche à la philosophie. Le cœur a ses raisons, que la raison peut connaître. La *« vera ratio »*, comme dit Lucrèce, ne supprime pas la sensibilité, « d'où elle est issue tout entière[1] ». Elle l'éclaire, elle la modifie, elle l'apaise parfois. Mais enfin il faut tenter de vivre : c'est où poésie et philosophie se rejoignent. À ce carrefour, les génies sont rares. Lucrèce en est un, l'un des plus grands, des plus vrais, des plus déchirants. Il est beau que la lumineuse sagesse d'Épicure ait trouvé, pour parvenir jusqu'à nous, ce chant profond et grave. Épicure montre le chemin : il nous enseigne où il faudrait aller. Lucrèce nous prend là où nous sommes. Dans la nuit ? Il fait toujours nuit quelque part. Et toujours un soleil se lève à l'horizon. « Le bienfait de Lucrèce sur les âmes, remarqua un jour un psychiatre réputé, c'est l'apaisement par la lumière : *placatumque nitet diffuso lumine caelum* – Et le ciel apaisé resplendit de lumière[2]. » C'est cet apaisement que Lucrèce, par son chant, voulut nous transmettre, et que j'ai essayé – en le traduisant, en essayant de le comprendre – de transmettre à mon tour.

1. *De rerum natura*, livre IV, vers 483-484. Sur la *vera ratio*, voir par exemple I, 498 et 623 (toutes mes références au *De rerum* renvoient au texte latin établi par A. Ernout, Les Belles Lettres, rééd. 1968).

2. Dr Logre (qui cite en latin le *De rerum natura*, I, 9), *L'Anxiété de Lucrèce*, Paris, J. B. Janin, 1946, p. 317. L'auteur voit dans ce vers l'expression de « l'*expansion décompressive* : l'infini rayonnement de la joie après l'accalmie de l'angoisse » (*ibid.*). Nous y reviendrons.

I

Lucrèce, disciple d'Épicure

Tu, pater, es rerum inventor.
Lucrèce, III, 9
(« C'est toi, père, qui découvris la vérité »).

J'ai longtemps préféré Épicure, plus lumineux, plus serein, plus doux – plus sage. C'était la lumière grecque, celle des commencements. Comme Lucrèce, à côté, me semblait sombre, angoissé, fatigué – tardif ! Et sans doute je n'avais pas tort, ni ne veux à présent diminuer les mérites d'Épicure. Au reste, entre Athènes et Rome, quel philosophe hésiterait ? Les mêmes raisons, aujourd'hui, me rendent pourtant Lucrèce plus proche, plus fraternel, plus émouvant. C'est que j'ai changé sans doute, ou vieilli, et que ce qu'il y a de plus amer, chez le poète latin, parle davantage, ou de plus près, à notre expérience qu'à notre jeunesse. Je pourrais dire la même chose, ou peu s'en faut, d'Épictète, que j'ai aimé d'abord, et de Marc Aurèle, qui me touche tellement plus aujourd'hui. Mais aucun de ces deux-là n'a inventé le stoïcisme, pas plus que le second ne s'est voulu le disciple exclusif du premier. Socrate ou Zénon, pour l'un et l'autre, importaient davantage. Alors que Lucrèce n'a cessé de chanter la grandeur sans égale d'Épicure, ni ne s'est voulu autre chose que son élève ou son traducteur. La différence, entre le philosophe grec et son disciple latin, n'en apparaît que mieux. À cause de la poésie ? Pas seulement ni surtout. C'est une différence qui touche au fond plus qu'à la forme, au tempérament plus qu'à l'esthétique. Différence humaine, donc aussi philosophique, et qui ressort d'autant plus qu'elle est quasi nulle d'un point de vue doctrinal ou conceptuel. Il y aurait donc autre chose, dans la philosophie, que des doctrines et des concepts ? Il le faut bien. Il n'y aurait autrement ni concepts ni doctrines. Le corps existe d'abord. La sensibilité existe d'abord (nous n'aurions autrement aucune idée du vrai et du faux, explique Lucrèce au livre IV, ni d'ailleurs aucune idée), et celle de Lucrèce, d'évidence, n'est pas la même que celle d'Épicure. La vérité est une ? Disons plutôt qu'elle est universelle, sans cesser pour autant d'être multiple. Ce qui est vrai pour Épicure est vrai aussi pour Lucrèce. Et il est vrai pour tous les deux – à supposer qu'Épicure pût en juger – qu'ils sont différents l'un de l'autre. Empirisme et rationalisme vont ensemble, comme le monisme et le pluralisme.

Le paradoxe, qui n'en demeure pas moins, c'est en effet que Lucrèce, comme philosophe, n'est et ne veut être qu'un disciple d'Épicure. C'est d'ailleurs essentiellement grâce à lui que nous connaissons la pensée de son maître. On sait que les doctrines des philosophes de l'Antiquité, qu'ils aient écrit en grec ou en latin, ne sont parvenues jusqu'à nous que dans la mesure où d'obscurs lettrés, durant des siècles, et spécialement durant tout le Moyen Âge, ont eu la patience de recopier, bien sûr à la main, leurs œuvres immortelles et fragiles... Or, ces gens étaient des croyants, presque tous, presque toujours, et en terre chrétienne aussi bien que musulmane. En Europe, ce fut le plus souvent le travail des moines, puisqu'ils étaient à peu près les seuls à savoir lire et écrire, à connaître le latin et parfois le grec, enfin à disposer d'assez de temps et de culture pour se consacrer à ce long, très long travail de copiste... Beaucoup d'érudits juifs ou musulmans, des deux côtés de la Méditerranée, contribuèrent aussi à ce sauvetage. Ces êtres pieux, quelle que fût leur religion, préféraient toutefois, c'est humain, recopier les philosophes ou les poètes qui n'étaient pas trop éloignés de leurs propres croyances, pas trop acharnés à leur donner tort, à briser leurs illusions ou leurs espérances, bref point trop incompatibles avec la foi, en l'occurrence monothéiste, qui était la leur... C'est ainsi qu'ils nous ont conservé non pas l'intégralité mais une partie considérable des œuvres de Platon, d'Aristote, de Plotin, de Cicéron, comme aussi, ce n'est pas un hasard, des enseignements des stoïciens, spécialement des plus moralistes, ou des moins métaphysiciens, d'entre eux (les représentants de ce qu'on appelle le stoïcisme tardif ou impérial : Épictète, Sénèque, Marc Aurèle). Nos bons moines avaient le sentiment, à tort ou à raison, mais sans doute point tout à fait à tort, que ces pensées essentiellement religieuses ou finalistes n'étaient pas trop distantes, quant au fond, des religions du Livre, voire en formaient comme une espèce d'anticipation admirable et païenne. Mais Épicure, le philosophe des atomes et du plaisir, mais Lucrèce, qui niait toute cause finale et qu'on disait athée, c'était autre chose ! Les moines ne firent guère d'efforts, c'est un euphémisme, pour recopier leurs œuvres et les transmettre à la postérité… Si bien que d'Épicure, qui avait tant écrit, qui fut tant lu, tant célébré dans toute l'Antiquité tardive, il ne nous est pratiquement rien parvenu, sauf trois lettres (parce qu'elles étaient citées *in extenso* dans les *Vies et doctrines des philosophes illustres*, de Diogène Laërce) et quelques maximes ou sentences, citées elles aussi par Diogène Laërce ou grappillées ici ou là… Le maître du Jardin avait écrit des dizaines d'ouvrages (trois cents, si l'on en croit Diogène Laërce, dont un *De la nature* en 37 livres) ; il ne nous en reste que quelques dizaines de pages. La foi fit, pendant des siècles, une censure efficace. Point besoin d'autodafé : le temps suffisait, et la critique rongeuse des moisissures ou des souris…

Heureusement qu'il y avait Lucrèce, et qu'il était poète, génial poète, et que tous les moines, aussi opposés qu'ils pussent être au contenu de sa pensée, ne furent pas insensibles à la beauté fulgurante ou déchirante de ses vers… Encore cela ne valut-il, selon toute apparence, que pour quelques copistes, bien rares et sans doute passablement isolés. Car nous ne connaissons le chef-d'œuvre de Lucrèce, il faut le signaler en passant, que grâce à deux manuscrits, datant l'un et l'autre du IXe siècle de l'ère chrétienne et d'ailleurs recopiés tous les deux, d'après les spécialistes, à partir d'un même manuscrit aujourd'hui perdu, lui-même sans doute copié en Gaule ou en Irlande, vers les VIIe ou VIIIe siècle, à partir d'un archétype qui daterait, lui, du IVe ou du Ve siècle de notre ère… L'histoire de la pensée a aussi ses contingences, ses hasards heureux ou malheureux, ses héros obscurs et méritants. Il aurait suffi que nos deux moines aient autre chose à faire, ces années-là, ou que le manuscrit intermédiaire soit parti en fumée ou en poussière avant de parvenir jusqu'à eux, pour que nous ne sachions presque rien de Lucrèce (à quelques fragments près, qu'on a retrouvés ailleurs), et du même coup pour que des pans entiers de l'épicurisme nous demeurent à jamais inconnus… Merci à ces moines sans nom et sans sectarisme, et à tous ceux qui ont préservé pendant si longtemps, et dans des époques si troublées, le fruit fragile et irremplaçable de leur labeur !

Mais venons-en au fond. La différence humaine ou psychologique, entre Épicure et Lucrèce, est d'autant plus frappante, disais-je, que Lucrèce, en tant que philosophe, n'innove pratiquement jamais. C'est un disciple génial mais fidèle, chose rare à Rome[1], et qui

1. « Dans la littérature latine, la docilité et l'obéissance exclusives de Lucrèce ne sont point une attitude commune. Contrairement à ce qu'on pourrait croire de ce peuple militaire et discipliné, qu'il a dû transporter dans sa vie intellectuelle ses habitudes de loyalisme absolu, de *fides* sans restriction, à Lucrèce s'opposent et Cicéron (*Tusc.*, IV, 4, 7) et Sénèque (*Epist.*, 45, 4), et aussi Horace qui, en poète, a trouvé la formule qui résume et exprime

ne prétend pas, s'agissant de la doctrine, être autre chose qu'un épicurien convaincu. Quatre des six livres du *De rerum natura* s'ouvrent sur un éloge d'Épicure, et ils sont tous plus enthousiastes les uns que les autres. Nous lirons plus tard celui du livre I, dans lequel Lucrèce célèbre le combat de son maître contre la religion. Mais je ne résiste pas au plaisir de citer tout de suite les premiers vers du livre III, qui disent si bien la ferveur et l'émotion du disciple :

Du fond de notre nuit tu brandis ton flambeau,
Éclairant le premier les vrais biens de la vie.
C'est toi que je veux suivre, ô gloire de la Grèce,
Et je pose mes pas dans les traces des tiens.
Non par rivalité : c'est par amour plutôt
Que je veux t'imiter ! Que pourrait l'hirondelle
Contre le cygne ? Quel chevreau tremblant voudrait
À la course défier la fougue du cheval ?
C'est toi, père, qui découvris la vérité,
Qui guides notre vie ; c'est dans ton œuvre, ô maître,
Que nous venons chercher, abeilles butinant
Dans les vallées en fleurs, ces paroles d'or, oui,
D'or, dignes à jamais d'une vie éternelle !
À peine la raison a-t-elle proclamé
La vérité conçue par ton divin génie,

---

leur attitude à tous : "Moi qui ne m'astreins à prêter le serment de fidélité à aucun maître" (*Epist.*, I, 1, 14). Lucrèce, lui, nous propose le cas du penseur fidèle, j'entends de l'homme qui a la tête philosophique, la vigueur et l'originalité de la conception, et qui n'emploie ces hautes qualités qu'à servir la pensée d'un autre à qui il s'est donné » (P. Boyancé, *Lucrèce et l'épicurisme*, Paris, PUF, 1963, p. 34).

Qu'aussitôt la terreur s'enfuit, le monde s'ouvre :
Je vois dans l'infini s'accomplir toutes choses !
Je vois les dieux puissants, leurs paisibles demeures,
Que n'ébranlent jamais ni les vents ni les pluies,
Que la neige en tombant ne vient pas profaner
De sa blancheur glacée : un éther toujours pur
Leur verse à larges flots sa riante lumière.
La nature pour eux se donne en abondance,
Rien ne trouble jamais la paix de leur esprit.
Par contre en aucun lieu n'apparaît l'Achéron :
Nulle trace d'enfer ! La terre laisse voir
Tout ce qui s'accomplit sous nos pieds, dans le vide.
Devant cette vision, je ne sais quel plaisir
Divin me saisit : j'en frissonne ! La nature
Devant nous, grâce à toi, a jeté tous ses voiles[1] *!*

Disciple admiratif, donc, disciple non seulement respectueux, c'est la moindre des choses, non seulement exact, comme il convient dans une école dogmatique, mais enthousiaste et pieux. À cette piété quasi filiale, malgré les deux siècles qui les séparent, Lucrèce doit quelques-uns de ses plus beaux accents. Comme philosophe, il ne se pique pas d'être original. Il lui suffit d'être intelligent, pénétrant, pédagogue. Mais comme poète, j'y reviendrai, il se veut et se sait unique. « Peut-être, remarque Pierre Boyancé, n'y a-t-il pas, dans l'histoire de la pensée, d'autre exemple de ce cas : d'un disciple de génie qui ne se veut que le disciple, qui l'est en effet, et qui est cependant un

1. *De rerum natura*, III, 1-30.

génie[1]. » Il arrive, certes, qu'on trouve chez Lucrèce telle ou telle idée, tel ou tel argument, qu'on ne retrouve pas dans les textes conservés d'Épicure. Mais ces derniers sont trop lacunaires pour que ce soit vraiment significatif ; et il ne s'agit ordinairement que d'idées ou d'arguments qui ne changent pas l'essentiel de la doctrine. Quant à la seule différence conceptuellement décisive – la théorie du *clinamen*, à laquelle nous consacrerons un chapitre –, il n'est pas impossible qu'elle ait figuré dans des textes aujourd'hui perdus du fondateur du Jardin, c'est ce qui me paraît le plus vraisemblable, et il est certain, en tout cas, qu'elle n'a pas été inventée par Lucrèce : elle est attestée, sous son nom grec de *parenklisis*, dans des textes épicuriens antérieurs au *De rerum*. Bref, philosophiquement, Lucrèce est un disciple, pour autant qu'on en puisse juger, absolument fidèle et fiable.

Quel abîme, en revanche, entre les deux sensibilités ! Pour ce qui est du tempérament, des affects, des émotions, de ce qu'on pourrait appeler la lumière intérieure, ou les ténèbres intérieures, le philosophe grec et le poète latin sont presque à l'opposé. C'est le cygne et l'hirondelle, disait Lucrèce ; c'est le jour et la nuit, dirais-je plus volontiers, et l'on verra que cette métaphore est autorisée par le texte même du poète. Mais si cette différence ne s'explique pas par la doctrine, qui est la même, d'où vient-elle ?

Question de personnalité ? Question d'époque ? Question de lieu ? Sans doute un peu des trois.

1. P. Boyancé, *op. cit.*, p. 300.

L'époque n'est pas la même : Titus Lucretius Carus naît vers 98 avant Jésus-Christ, presque deux siècles et demi après Épicure (341-270) : il en est aussi éloigné dans le temps que nous le sommes, selon notre âge, de Voltaire ou Rousseau, Hume ou Kant. On dira que l'histoire avance plus vite aujourd'hui. Peut-être. Mais elle était loin, alors, d'être immobile ! Épicure est un contemporain d'Alexandre, puis des généraux qui lui succèdent et se partagent son empire. Lucrèce, qui grandit sous Sylla et Marius, donc au milieu de ce qu'on a appelé « la guerre civile de cent ans[1] », est le contemporain de Catilina, de Cicéron, de Spartacus, de Pompée, de Jules César… Deux époques troublées, certes ; mais l'une à la fin d'un empire (celui d'Alexandre le Grand, qui ne survivra pas à la mort de son fondateur) ; l'autre, d'une république, mais impérialiste, et qui se donnera bientôt à un empereur. L'une proche encore de la source vive ; l'autre comme égarée dans les sables ou l'histoire, entre grandeur et démesure, tel un fleuve immense et las, fatigué de sa propre violence, qui chercherait l'Océan.

Le lieu n'est pas le même : Épicure, citoyen athénien né sans doute à Samos, vivait dans un jardin (le fameux Jardin d'Épicure, qui donnera son nom à l'École), lequel se trouvait à la périphérie d'Athènes, comme entre ville et campagne, à l'écart, autant que faire se pouvait, de la folie des hommes. Lucrèce, c'est du moins ce qu'on imagine, vécut dans la Rome

1. Voir L. Jerphagnon, *Histoire de la Rome antique*, Paris, Tallandier, 1987, rééd. Hachette Littératures, coll. « Pluriel », 2006, chap. V (« La guerre civile de cent ans »).

très instable des derniers temps de la République. On ne sait presque rien de sa vie. Le lieu exact où il vécut, ses origines, ses relations (à l'exception du seul Memmius, dédicataire du *De rerum*, dont l'identification reste d'ailleurs incertaine), tout cela nous est inconnu. Comme le remarque Pierre Boyancé, « Lucrèce a pratiqué rigoureusement, trop rigoureusement au gré de notre curiosité, le "Cache ta vie" recommandé par son maître Épicure[1] ». Même ses dates sont approximatives. Il naît, peut-être dans une famille noble, entre 98 et 94 avant notre ère, sous le consulat de Marius. Il meurt vers 55, sans doute sous le triumvirat de Pompée, Crassus et Jules César. Ce dernier, qui fait la guerre en Gaule, régnera bientôt seul.

J'ai réalisé, en vérifiant ces dates pour préparer ma conférence, que Lucrèce n'avait donc vécu qu'une quarantaine d'années : il serait mort, si l'on recoupe les différentes sources d'information, vers l'âge de 40 ou de 44 ans… Je suis donc plus vieux que lui, définitivement (j'écris ces lignes à 55 ans, j'en avais 47 quand j'ai rédigé la première version de ce livre), et cela me fait tout drôle, moi qui l'ai tant lu quand j'étais étudiant (il figurait au programme du concours de la rue d'Ulm, lorsque j'étais en khâgne, j'ai consacré mon mémoire de maîtrise à l'épicurisme, deux ans plus tard, je l'ai retrouvé, l'année d'après, au programme de l'agrégation…), moi qui l'ai tant fréquenté, mais comme un jeune homme écoute un

1. P. Boyancé, *Lucrèce, sa vie, son œuvre, avec un exposé de sa philosophie*, Paris, PUF, coll. « Philosophes », 1964, p. 1.

homme mûr, de me voir ainsi devant lui, si l'on peut dire, en tout cas plus âgé, comme abandonné en cours de route par un vieux compagnon désormais et définitivement trop jeune pour moi… C'est une remarque que m'a faite, il y a plusieurs années, mon ami Laurent Bove, grand spécialiste de Spinoza, sans doute le meilleur de notre génération. « Tu sais que Spinoza est mort à 44 ans, me disait-il. J'en ai 46. C'est une curieuse sensation, depuis deux ans, que d'être plus vieux que l'auteur sur lequel je travaille depuis si longtemps… » J'ai le même sentiment, aujourd'hui, vis-à-vis de Lucrèce : celui, étrange, de me retourner sur un homme désormais plus jeune que moi, qui se serait arrêté il y a longtemps (plus de vingt siècles !) et me laisserait continuer seul, comme à découvert, sur le chemin qu'il a tracé ou, à la suite d'Épicure, prolongé…

Quant au détail de sa vie, rien : ni événements ni anecdotes. Virgile et Horace l'imitent, mais sans le nommer. Tacite évoque en passant le *De rerum*, mais sans rien dire de son auteur. Ovide chante sa gloire immortelle (« Les poèmes du sublime Lucrèce ne périront que le jour où le monde entier sera détruit[1] »), mais n'en dit pas plus sur sa vie. Même Cicéron, à qui l'on doit peut-être la première « édition » du poème, ne parle de Lucrèce, en quelques mots, que dans une lettre, écrite en 44 av. J.-C : il reconnaît son génie et son art, mais sans rien nous apprendre, lui non plus, sur sa vie, ni sur sa mort, ni sur sa

1. *Les Amours*, I, 15, vers 23-24 (trad. H. Bornecque, Paris, Les Belles Lettres, 1930).

personnalité. Un silence aussi général, s'agissant d'un auteur tellement lu et imité, étonne. Bergson, dans le petit livre qu'il lui a consacré, propose une explication : « Il faut croire qu'après la chute de la République, lorsque la politique des empereurs eut remis le paganisme à la mode, Lucrèce, adversaire de la religion, devint un ami dangereux, dont il était prudent de ne pas trop s'entretenir[1]. » Cela pourrait expliquer qu'on ne dispose, sur la vie de Lucrèce, d'aucune information fiable. Aucun témoignage de contemporain. Aucun document. Aucun élément biographique. Sauf, quatre siècles plus tard, un texte douteux et suggestif de saint Jérôme, peut-être influencé par un texte aujourd'hui disparu de Suétone, selon lequel *« Titus Lucretius, le poète, fut rendu fou par un philtre d'amour ; dans les intervalles de sa maladie, il rédigea quelques livres, que Cicéron corrigera* [c'est-à-dire sans doute éditera : Lucrèce était mort avant d'avoir pu mettre la dernière main à son manuscrit] ; *puis il se donna la mort de sa propre main, dans sa quarante-quatrième année[2] ».* C'est ce qu'Alain

1. H. Bergson, Introduction aux *Extraits de Lucrèce* [texte latin], *avec un commentaire, des notes et une étude sur la poésie, la philosophie, la physique, le texte et la langue de Lucrèce*, par Henri Bergson, Professeur agrégé de philosophie au Lycée de Clermont-Ferrand, Paris, Delagrave, 1884, troisième édition, 1899, p. II (c'est un ouvrage scolaire, à destination des élèves du secondaire, parfois tendancieux ou approximatif, mais qui n'est pas sans intérêt, ni sans charme).

2. Saint Jérôme (347-419), *Additions à la Chronique d'Eusèbe* (année 95 ou 97, selon les manuscrits). Il semble probable que saint Jérôme ait tiré une partie de ses informations du *De poetis*

appelle « la légende du suicide de Lucrèce ». Puis il ajoute, si je me souviens bien : « légende *peut-être*... » Comment savoir ? Sur le « philtre d'amour », on ne peut qu'être perplexe. Mais sur la folie ? Mais sur le suicide ? Il n'est pas exclu que saint Jérôme se contente de colporter une rumeur qui l'arrange, parce qu'elle suggère qu'il faut être un peu fou pour être matérialiste, et qu'on ne peut guère alors échapper au désespoir, voire au suicide... C'est l'hypothèse d'Ernout : « La folie, le suicide ont dû être des châtiments inventés par l'imagination populaire pour punir l'impie qui refusait de croire à la survie de l'âme et à l'influence des dieux comme au pouvoir des prêtres[1]. » C'est l'hypothèse de Bergson : « Cette sombre histoire a tout l'air d'un roman. Dans les temps anciens, l'imagination populaire se plaisait à faire punir ainsi l'athée, dès cette vie, par les dieux qu'il avait bravés. Il est plus probable que Lucrèce vécut en philosophe[2]. » Pieuses pensées, pour des laïques, et d'une vérité possible. Mais que rien n'atteste. Sur le dernier point, au demeurant (la vie probablement philosophique de Lucrèce), je serais volontiers d'accord avec Bergson. Lucrèce ne pense pas pour passer le temps, ni pour faire semblant. Trop de gravité, trop d'émotion, trop d'acharnement dans la pensée, pour que ce ne soit qu'un loisir ou qu'une pose. Mais où

---

de Suétone, auteur souvent très fiable, mais dont ce livre, malheureusement, n'est pas parvenu jusqu'à nous.

1. A. Ernout, dans l'Introduction de son édition du *De rerum natura*, Paris, Les Belles Lettres, rééd. 1968, p. XI.

2. *Op. cit.*, p. 1.

a-t-on vu que la philosophie protège contre la maladie mentale ou le suicide ? Faut-il évoquer Nietzsche, Lequier, Althusser, Deleuze ? S'agissant de Lucrèce, puisque c'est lui qui nous occupe, et malgré tout le poids qu'ont pour moi les avis de Bergson ou d'Ernout, il faut bien reconnaître que l'hypothèse de son suicide, pour douteuse qu'elle demeure évidemment, mérite d'être envisagée sans parti pris : il n'est pas impossible, il ne serait même pas très étonnant, que Lucrèce ait en effet décidé, quelles qu'en aient été les raisons, de mettre fin à ses jours. Telle était l'opinion de Giusani, dans ses fameux *Studi lucreziani*[1]. Telle aussi celle du seul psychiatre, à ma connaissance, qui ait consacré à notre poète une étude approfondie : il juge probable que Lucrèce ait souffert de « psychose intermittente » (c'est le nom qu'on donnait alors, en France, à ce que les Allemands appelaient déjà la « psychose maniaco-dépressive ») et se soit suicidé[2]. Pierre Boyancé, quoique avec davantage de prudence, concluait dans le même sens : « Mal attestée, mais non sans quelque vraisemblance, telle nous apparaît la fameuse légende[3]. » On ne peut trancher tout à fait. L'hypothèse du suicide reste invérifiable. Elle me paraît pourtant plausible, et cela pour deux raisons principales, qui nous ramènent à ce que j'appelais plus

1. Turin, 1896.

2. Dr Logre, *L'Anxiété de Lucrèce*, *op. cit.* (voir spécialement les p. 21-25). Le livre, qui vient d'un psychiatre humaniste, bon latiniste et admirateur de Lucrèce, mérite d'être lu ; il vaut mieux que le résumé caricatural qu'on en fait parfois.

3. *Lucrèce et l'épicurisme*, *op. cit.*, p. 20.

haut le tempérament de Lucrèce, aussi bien d'un point de vue psychologique que philosophique.

La première raison, j'y reviendrai, c'est le climat d'angoisse ou de mélancolie qui affleure si souvent dans son poème, qui fait parfois beaucoup plus qu'affleurer, jusqu'à recouvrir tout, malgré la lettre de la doctrine, d'un voile tragique ou sombre. J'ai déjà évoqué le diagnostic du Dr Logre : Lucrèce « était à la fois un anxieux et un mélancolique » ; souffrant de « dépression chronique » et vraisemblablement d'une « psychose intermittente », il alternait crises de mélancolie et phases hypomaniaques, celles-là le plongeant dans les abîmes de l'angoisse ou du désespoir, celles-ci dans un état d'excitation enthousiaste, euphorique et volontiers raisonneuse. De là, explique notre psychiatre, les pages les plus sombres du *De rerum* (sur la mort, sur le dégoût de la vie, sur la peste d'Athènes...), mais aussi les plus exaltées (les éloges d'Épicure ou de la sagesse, les visions cosmiques...), ces dernières relevant d'une phase « d'excitation légère » ou, comme l'ensemble du poème, d'une « psychologie de la convalescence[1] ». La conclusion, quoique restant hypothétique, est sans équivoque : « On aurait peine à imaginer une

1. *Op. cit.*, notamment p. 20-23, 40, 64-65 et 319-325. Rappelons, sans en tirer aucune conséquence philosophique mais parce que cela ne peut pas ne pas me toucher, que la psychose maniaco-dépressive était aussi la pathologie dont souffrait mon maître et ami Louis Althusser. J'ai vu d'assez près à quoi pouvait ressembler l'alternance dont parle le Dr Logre, et qu'elle n'empêche nullement un travail intellectuel, même soutenu, ni, cela va de soi, le talent ou le génie.

accumulation de circonstances plus favorables au suicide[1]. » Cyril Bailey, le grand spécialiste britannique de l'épicurisme, allait dans le même sens : dans l'œuvre de Lucrèce, qu'il édite et traduit en anglais, il voit la trace d'une *« pessimistic and recurrent depression »,* de telle sorte qu'il n'y a selon lui *« nothing improbable »* dans l'hypothèse du suicide[2]. Bergson, tout en se gardant de poser un diagnostic psychiatrique, remarquait de son côté que « ce qui frappe le plus dans l'œuvre de Lucrèce, c'est une mélancolie profonde[3] ». Même Nizan, si favorable à l'épicurisme et si porté, au moins par conviction intellectuelle ou politique, à une forme d'optimisme, trouve l'hypothèse du suicide plutôt vraisemblable : « Le sens extraordinaire de l'angoisse qui domine le *De rerum natura* révèle assez un homme capable de pousser jusqu'à la mort volontaire le désir d'échapper à l'angoisse[4]. » Que cela ne suffise pas à rendre compte de son génie, encore moins de sa philosophie, c'est bien clair. Mais comment le génie ou la philosophie pourraient-ils échapper à toute détermination psychique, voire psychopathologique ? S'il n'est d'esprit que d'un corps vivant, comme le veut l'épicurisme et comme je le crois, cet esprit peut lui aussi être malade[5], comme le corps dont il fait partie, et ne

1. *Ibid.*, et p. 214-215.
2. *Titi Lucreti Cari De rerum natura, libri sex,* Oxford, 1947, rééd. 1950, § 7 et 8, p. 11-12.
3. *Op. cit.,* p. II.
4. P. Nizan, *Les Matérialistes de l'Antiquité*, Paris, 1938, rééd. Maspero, 1971, p. 36.
5. Lucrèce y insiste longuement : III, 459-525.

saurait échapper, même sain, aux diverses causes, internes ou externes, qui pèsent sur lui. Penser, juger, vouloir ? C'est la plus haute fonction de l'homme. Mais quelques atomes de plus ou de moins – un caillot, un virus, une tumeur, peut-être aussi un souvenir ou un traumatisme – suffisent, s'ils sont mal placés, à en perturber l'exercice. Au reste la vie est trop difficile (et elle l'était spécialement du temps de Lucrèce) pour qu'un être sensible, même sans pathologie particulière, ne soit pas tenté, parfois, d'en finir. Que celui qui n'y a jamais songé lui jette la première pierre. Le fait est que Lucrèce, malgré la lettre de la doctrine, ne brille guère par la joie. On croit entendre parfois chez lui comme un désir de mort, peut-être pour se libérer de la crainte qu'elle lui inspire[1], disons comme une attirance pour le néant. Par exemple dans ce très fameux passage du livre III, où, à trop vouloir nous guérir de la mort, Lucrèce nous la rend presque désirable :

Regarde en arrière : quel néant fut pour nous
Tout le temps infini d'avant notre naissance !
C'est comme un miroir vide où vient se refléter
Ce que sera le temps qui suivra notre mort.
Qu'y perçoit-on d'horrible ou qui paraisse triste ?
N'est-ce point un repos plus doux que le sommeil[2] *?*

---

1. C'est une idée qu'il formule lui-même :
« Et souvent c'est la peur que la mort leur inspire
Qui pousse les humains à tant haïr la vie
Qu'ils se donnent la mort à force de la craindre... » (III, 79-81).

2. III, 972-977.

Les stoïciens avaient tellement bien appris à mourir, note quelque part Alain, qu'ils n'aimaient plus assez la vie. Chez l'épicurien Lucrèce, et malgré l'enseignement de son maître, la figure serait plutôt inverse : il n'aime pas assez la vie pour ne pas désirer, parfois, d'être déjà mort. Il faudrait être bien niais ou bien chanceux pour le lui reprocher.

La seconde raison, qui m'amène à juger au moins envisageable l'hypothèse d'un suicide, c'est que la mort volontaire, pour un épicurien, n'avait rien, philosophiquement, de choquant, ni même de condamnable. Nous sommes nés par hasard, sans avoir rien demandé ; il faudra mourir de toute façon, et aucun Dieu, jamais, ne nous demandera de comptes. Nous voilà libres, définitivement, face au néant. Ce n'est pas une raison pour le rechercher, mais point non plus, sauf exception, pour se l'interdire. L'épicurisme, certes, est le contraire d'un nihilisme. La vie est une chance ; les bonnes raisons de la quitter sont rares[1]. Épicure n'est pas Cioran : ce n'est pas un inconvénient que d'être né, bien au contraire ! Rien de plus sot, pour Épicure, que

> « celui qui dit qu'il est beau "de n'être pas né" ou, si l'on naît, de "franchir au plus vite les portes de l'Hadès". Car, s'il est convaincu de ce qu'il dit, comment se fait-il qu'il ne quitte pas la vie ? Cela est tout à fait en son pouvoir, s'il y est fermement décidé. Et s'il plaisante, il montre de la frivolité en des choses qui n'en comportent pas[2] ».

1. *Sentences vaticanes*, 38.
2. *Lettre à Ménécée*, 126-127 (trad. Marcel Conche, *in* Épicure, *Lettres et maximes*, Paris, PUF, 1987).

Vivre est un plaisir, en tout cas un « agrément », comme dit Épicure[1], et la condition de tous les autres. Il n'y a pas lieu pour autant d'en faire un devoir. Vivre ? Mourir ? Cela relève de la prudence (« la comparaison des avantages et des désavantages[2] ») plutôt que de la morale. Pourquoi renoncer aux plaisirs, tant qu'ils sont là, ou même tant qu'ils restent possibles ? Toutefois rien ne garantit que ce soit toujours le cas. L'horreur est possible aussi. Pourquoi continuer à vivre quand la douleur l'emporte par trop sur le plaisir ? Quand il n'y a plus que la souffrance, la fatigue, le dégoût ? On dira que tel, pour le sage, n'est jamais le cas : les plaisirs, pour lui, et spécialement les plaisirs de l'âme (la philosophie, l'amitié, le souvenir des jours heureux...), l'emportent toujours sur la souffrance. C'est ce qu'atteste ce fragment d'une lettre qu'Épicure, juste avant de mourir, adressa à son ami Idoménée : « Je t'écris en ce bienheureux jour de ma vie, qui est aussi le dernier. La colique néphrétique et la dysenterie me font atrocement souffrir. Mais la joie l'emporte contre ces douleurs, grâce au souvenir de nos conversations passées[3]... » On devine l'émotion de l'ami, quand il reçut cette lettre... Mais c'est Épicure qui l'écrivait, et Épicure, lui, était un sage, c'est-à-dire quelqu'un, c'est du moins ce qu'enseignait la doctrine, qui avait assez de ressources

1. *Ibid.*, 126 *(zôès aspaston)*.
2. *Lettre à Ménécée*, 130-132.
3. Cité par Diogène Laërce, *Vies et doctrines des philosophes illustres*, X, 22. Voir aussi Cicéron, *De finibus*, II, 35.

psychologiques ou spirituelles pour contrebalancer toute souffrance, aussi vive fût-elle, par ce qu'il appelait l'ataraxie ou le plaisir en repos de l'âme... Soit. Mais Lucrèce n'est pas un sage ; il n'a jamais prétendu en être un. C'était un philosophe, et c'était un poète. Cela ne suffit pas ? Rien ne suffit, et c'est ce qui rend toute suffisance suspecte.

« La nécessité est un mal, disait Épicure, mais il n'y a aucune nécessité de vivre sous l'empire de la nécessité[1]. » Il est vraisemblable que Lucrèce connaissait la formule, qui devait lui plaire. N'est-ce pas ce que suggère la fameuse Prosopopée de la nature ?

Quitte donc tout cela, qui n'est plus de ton âge,
Et pars en paix : il faut céder la place à d'autres[2].

Démocrite lui-même, que Lucrèce admire tant, ne vint-il pas de lui-même *(sponte sua)* « au devant de la mort, pour lui offrir sa tête[3] » ? Rien de choquant, philosophiquement, à ce que Lucrèce ait pu en faire autant ; rien d'improbable, psychologiquement ; et rien non plus, cela va de soi, de certain. Laissons donc le « suicide » de Lucrèce à son statut de légende ou d'hypothèse. Cela ne saurait

1. *Sentences vaticanes*, 9. Voir aussi les commentaires de M. Conche, p. 50 et 249 de son édition d'Épicure.
2. III, 961-962.
3. III, 1039-1041. Démocrite passait en effet pour s'être suicidé, à plus de cent ans. Sur l'admiration que Lucrèce lui portait, voir III, 371 et V, 622.

décider de la valeur de sa philosophie (le suicide n'est ni une faute ni une réfutation). L'essentiel, d'évidence, est ailleurs : dans ce qu'il vécut, que nous ne connaîtrons jamais, et dans son poème, par quoi seul nous le connaissons.

II

Le « doux miel » de la poésie

Obscura de re tam lucida pango carmina...
Lucrèce, IV, 8-9
(« Sur un sujet obscur, mon chant si lumineux... »).

J'ai bien souvent parlé du philosophe, presque jamais du poète. C'est lui, dans ce chapitre, que je voudrais surtout considérer. La chose, pour moi, est difficile. D'abord parce que je ne suis pas assez coutumier du latin pour pouvoir lire vraiment Lucrèce dans le texte, facilement, couramment, scandant comme il faudrait ses vers, distinguant dactyles et spondées (une syllabe longue et deux brèves, deux syllabes longues), marquant la césure, qui est mobile, et l'apprécier ainsi, comme faisaient ses contemporains et comme le peuvent de plus savants que moi, dans sa langue et sa musique propres. Je peux vérifier l'exactitude philosophique d'une traduction, mais guère m'en passer pour apprécier directement – sans écran, sans intermédiaire – la poésie d'un texte latin. C'est pourquoi peut-être je prends tant de plaisir à traduire Lucrèce : c'est une façon de me l'approprier, de compenser, à force de travail, le double écart – celui de la langue, celui du temps – qui me sépare de lui. D'ailleurs, si je citais Lucrèce en latin, qui me comprendrait ? Nous sommes presque tous obligés de le lire en traduction, et sans doute c'est mieux que de ne pas le lire du tout, mais cela reste un handicap, qui est beaucoup plus lourd s'agissant du poète que du philosophe. Toute pensée, si elle est rigoureuse, peut être traduite presque exactement. Mais pas toujours toute émotion, toute vibration, toute couleur, toute poésie.

Parler de Lucrèce poète m'est aussi difficile pour une autre raison : parce que le poète et le philosophe, chez lui, sont à peu près indissociables. Il n'a écrit qu'un seul livre, le *De rerum natura (De la nature*, ou *De la nature des choses*), et c'est un poème, et c'est un livre de philosophie. Cette conjonction déjà surprend. Épicure n'aimait guère la poésie, ou il s'en méfiait, en tout cas il en déconseillait la pratique à ses disciples : elle était pour lui trop liée à la mythologie, voyez Homère, trop liée à la religion ou à la superstition, voyez Hésiode, sans doute aussi trop liée aux passions, aux illusions, à la folie et aux mensonges des hommes… S'il fallait croire les poètes, que ne croirait-on pas ? Or, le paradoxe, c'est que Lucrèce, disciple d'Épicure, disciple par ailleurs absolument fidèle et pénétrant, écrit un long poème à la gloire de son maître, en six chants, soit un ensemble de quelque 7 400 vers, tout entier consacré à l'exposition, à la défense et à l'illustration, mais en hexamètres, de la doctrine épicurienne… La transgression, dans l'École, dut en choquer plus d'un. Lucrèce ne s'en excuse pas, bien au contraire. Il s'en explique fièrement au début du chant IV, consacré, ce n'est sans doute pas un hasard, à la perception et à la connaissance (le *De rerum* se veut une espèce de traité scientifique), mais aussi aux illusions des sens, de l'imagination et du cœur. Dans cette « apologie du poème », comme dit Ernout, Lucrèce dévoile quelque chose de son art poétique, qui est aussi, indissociablement, philosophique :

Je parcours les contrées inexplorées des Muses,
Que nul pied ne foula. Je bois aux sources vierges ;
J'aime cueillir des fleurs nouvelles, inconnues,
En tresser pour ma tête une couronne unique
Dont les Muses jamais n'ornèrent aucun front.
Grandes sont mes leçons : je viens briser les chaînes
De la religion, libérer les esprits !
Sur un sujet obscur, que de vers lumineux
Je compose, qui nimbent tout de poésie !
Si j'ai pris ce parti, ce n'est pas sans raison.
Lorsque les médecins destinent aux enfants
La répugnante absinthe, ils déposent d'abord
Sur le bord de la coupe un miel blond et sucré ;
L'enfant imprévoyant, tout au plaisir des lèvres,
Avale jusqu'au bout le très amer remède :
Dupé, mais pour son bien, il guérit peu à peu...
Ainsi fais-je à présent. Je sais notre doctrine
Trop triste pour celui qui ne fait qu'y goûter ;
La foule horrifiée la fuit. C'est pourquoi, moi,
Je vais te l'exposer dans la langue des Muses,
Comme toute imprégnée du doux miel poétique.
J'ai voulu par mon chant séduire ton esprit,

Le temps qu'il ait compris le seul remède utile :
Connaître entièrement la nature des choses[1] *!*

On voit que les raisons de choisir la poésie, aux yeux de Lucrèce et malgré l'interdit épicurien, sont multiples : l'amour de la gloire – j'aime qu'il l'avoue aussi tranquillement, quand bien même il s'agit, pour un épicurien de stricte observance, d'un désir vain –, la haine de la superstition ou de la religion (le mot *religio*, en latin, peut signifier les deux[2]), la lâcheté des humains, l'amertume de l'épicurisme ou du vrai, la douceur de la poésie… D'où la double métaphore, qui m'a suggéré mon titre, de la « répugnante absinthe » et du « miel blond et sucré ». L'absinthe, à l'époque, n'était pas l'alcool interdit qu'elle est devenue pour nous, mais une décoction thérapeutique, au goût particulièrement désagréable et âpre… C'est un peu l'huile de foie de morue de nos grands-mères. Comment faire boire cette infusion à des enfants malades, qui en ont besoin mais la détestent ? En enduisant le bord de la coupe d'un peu de miel, explique Lucrèce, si bien que l'enfant, sentant d'abord cette douceur, se laisse tromper par elle (il est « dupe mais non victime », traduit Ernout) et avale en même

1. *De rerum natura*, IV, 1-25 (qui reprend, avec quelques modifications, les vers 922-950 du livre I ; c'est une marque, parmi d'autres, de l'inachèvement du poème).

2. Sur les problèmes de traduction que cela pose, voir l'article de J. Salem, « Comment traduire *religio* chez Lucrèce ? Notes sur la constitution d'un vocabulaire philosophique latin à l'époque de Cicéron et Lucrèce », dans *Démocrite, Épicure, Lucrèce, la vérité du minuscule*, Paris, Encre Marine, 1998, p. 69 à 106.

temps le breuvage infect et salutaire… Ainsi fait Lucrèce. La raison ou l'épicurisme font un remède amer, qui semble trop triste à la plupart (*haec ratio plerumque videtur tristior esse*[1]). Ce ne sera pas trop de la plus envoûtante poésie pour nous le faire accepter. Écrire en vers, pour Lucrèce, c'est donc mettre le mensonge, ou plutôt l'artifice (car le miel, lui, ne ment pas : il est vraiment doux et sucré), au service de la vérité – disons mieux : au service du lecteur (la vérité n'a pas besoin de nous, c'est nous qui avons besoin d'elle), à notre service donc, afin de nous guérir, mais sans trop nous violenter d'abord, de nos illusions et de nos peurs. Cela en dit long sur l'épicurisme peut-être, du moins sur l'image que Lucrèce s'en fait ou en donne. Pour moi, qui ai lu Épicure avant Lucrèce, cela fait comme une surprise rétrospective : je n'ai vu d'abord, chez le maître du Jardin, que douceur et lumière, que paix et volupté. Je n'ai jamais compris que Camus ait pu parler de « l'affreuse tristesse d'Épicure[2] », ce qui m'a toujours paru un contresens ; mais Lucrèce, à sa façon, le valide presque (du point de vue des ignorants : ceux qui trouvent la vérité trop triste) ou l'explique. Ce qui est triste, du moins pour l'homme ordinaire, c'est que nous allons mourir, c'est que nous ne sommes pas heureux, ou si peu, ou si mal, c'est que nous tournons toujours en rond dans

1. IV, 18-19.

2. *L'Homme révolté*, II, Paris, Gallimard, coll. « Bibliothèque de la Pléiade », 1965, rééd. 1990, p. 440. Il n'est pas impossible que Camus soit ici influencé par le livre de C. Martha, qui fit longtemps autorité : *Le Poëme de Lucrèce*, *op. cit.* ; voir en particulier les chap. I (« Épicure ») et IX (« Tristesse du système »).

le même cercle, comme dit Lucrèce, sans pouvoir en sortir[1]. C'est le cercle du moi (« chacun cherche à se fuir, personne n'y parvient[2] »), toujours inassouvi ou déçu, le cercle du manque et de l'ennui, de nos illusions et de nos désillusions, de nos fausses joies et de nos vraies tristesses… C'est le cercle de l'espoir et de la déception, du désir (tant qu'il porte sur le néant) et de la mort :

À désirer toujours ce que tu n'avais pas,
Poursuivant l'avenir, méprisant le présent,
Ta vie s'en est allée, incomplète et sans joie,
Et voilà que la mort se dresse à ton chevet[3] *!*

Lucrèce, poète de la mélancolie… On comprend que Schopenhauer l'ait tellement aimé. On comprend qu'il nous touche à ce point. Épicure est plus lumineux, plus sage, plus philosophe peut-être. Plus vrai ? Je ne sais. Ils sont vrais tous les deux ; simplement ils ne parlent pas de la même chose. Lucrèce, en poète, chante la vérité qui nous ronge, celle de nos douleurs, de nos déceptions, de nos angoisses. Épicure enseigne la vérité qui nous sauve, ou qui pourrait nous sauver : celle du plaisir, de l'amitié, de l'éternelle plénitude du présent et du vrai… J'aime qu'ils se complètent si bien, y compris lorsqu'ils s'opposent. J'aime que Lucrèce reconnaisse en Épicure son maître, qu'il en proclame les leçons ; et qu'il refuse,

1. III, 1080.
2. III, 1068-1069.
3. III, 957-959.

comme artiste, d'y croire tout à fait. Ce n'est plus la poésie qui ment, qui rêve, qui fait semblant. C'est la poésie vraie, celle qui dit la peine et le malheur des hommes. On pense au *blues* ou au *fado*, à Villon ou à Laforgue. Lucrèce nous prend où nous sommes, disais-je, et nous sommes des enfants. C'est pourquoi il chante, tout autant qu'il argumente. La poésie est un leurre, mais salutaire et doux, qui doit nous aider à grandir. À la fin il n'y a plus que la vérité, et tant pis pour nous si elle continue de nous paraître amère. C'est que nous ne sommes pas des sages. C'est pourquoi nous avons besoin des philosophes, et plus encore des poètes, peut-être, quand ils ne mentent pas.

Dans son beau petit livre sur *Les Matérialistes de l'Antiquité*, Paul Nizan consacre un long passage à Lucrèce, où il le considère, ce qui est normal vu l'orientation du volume, presque exclusivement comme philosophe. Il l'interprète à sa façon, d'un point de vue marxiste, parfois quelque peu scientiste, mais aussi avec beaucoup de pénétration, d'humanité, de chaleur. Puis il ajoute, ce sont les dernières lignes du passage : « Ce n'est pas le lieu de parler du poète. Personne ne le dépassa jamais lorsqu'il s'agit de parler de l'amour, de la solitude et de la mort. »

Personne ? Je ne sais. Mais peu auront cette profondeur, cette lucidité, ce courage, cette intelligence, cette force, cette vivacité, cette noblesse, cette hauteur de vue et d'expression. Et dans un genre peu couru, il faut bien le dire, où les réussites sont rares, qui est celui de la poésie philosophique. Valéry à côté manque de chair ; Hugo, de rigueur ; Virgile ou Horace, de puissance… Qu'ils le dépassent par d'autres aspects, j'y consens. Mais ce sont des sommets, qui disent assez le niveau où Lucrèce se tient, et avec qui il voisine.

Il utilise tous les styles : didactique, argumentatif (non, parfois, sans une certaine lourdeur), épique, ironique, lyrique, cosmique, satirique, tragique, plaintif, bucolique, élégiaque… Il est volontiers visionnaire, ou plutôt (car c'est le présent qu'il voit, ou l'éternité, bien plus que l'avenir) c'est un voyant : « Dans le vide immense, écrit-il, je vois s'accomplir toutes choses[1]… » Mais il voit clair. Aucune complaisance pour l'obscur, le mystère, le paradoxe. Il ne fait pas partie de « ces imbéciles » qui ne savent admirer « que les idées cachées sous des mots ambigus[2] ». Il préfère la précision, la rigueur, la netteté. Il trouve, dans le sensualisme épicurien, ce qui convient à son inspiration, presque toujours descriptive, sensorielle, matérielle. Il a le sens des images, des exemples, des analogies (qui rejoignent, là encore, la canonique épicurienne : faire voir l'invisible dans le visible). Il invente une espèce de philosophie concrète, de philosophie-monde, qui serait la poésie vraie. Les atomes sont comme des lettres, disait-il après Démocrite, dont toutes choses sont faites[3]. Les lettres lui sont comme

---

1. III, 17 *(« totum video per inane geri res »)*. Cf. *supra*, p. 23.

2. I, 641-642. Il s'agit, dans le contexte, des admirateurs d'Héraclite, qu'on surnommait l'Obscur…

3. I, 196-198, 823-829, 906-914 ; II, 688-699, et 1013-1022. L'analogie est attestée chez les premiers atomistes : voir Aristote, *Métaphysique*, A, 4, 985 b et *De la génération et de la corruption*, I, 1, 315 b. L'analogie est spécialement parlante en grec et en latin : les mêmes mots *stoicheia* et *elementa* y peuvent désigner

des atomes : il en bâtit un monde, qui est le nôtre, il en suggère une infinité d'autres, qui sont l'univers. Il est le poète de la nature et des choses (plus proche de Francis Ponge que de René Char), des choses finies et multiples dans la nature une et infinie (plus proche de Saint-John Perse que de Ponge). Il a de la vigueur, de la puissance, du souffle. Il aime le vrai plus que le bien ou le beau, la nature plus que l'art. C'est un philosophe, pas un moraliste. Un artiste, pas un esthète. Il est musicien plutôt que mélomane, et d'une musique concertante plutôt que symphonique. Il aime les oppositions, les contrastes, les heurts de mots et d'idées. Il chante l'aurore et les ténèbres, l'horreur et le plaisir, les hommes et les dieux, la mer et les astres, la matière et le vide, l'infiniment grand et l'extrêmement petit, l'amour et la violence, la raison et la folie, la sagesse et l'angoisse, la nature et la mort… Il a le sens du spectacle, du mouvement, du *travelling*. Il est cinéaste plutôt que peintre (d'ailleurs la théorie des simulacres, dans l'épicurisme, décrit comme une autoprojection perpétuelle, quasi cinématographique, de la nature par elle-même : des images discontinues y donnent, par leur succession très rapide, le sentiment de la continuité). Il a l'enthousiasme du néophyte, l'obstination du vieux militant. Son livre est un combat en même temps qu'un manuel. Il veut être utile. Il se moque d'être aimé. Il veut être vrai. Il se moque d'être actuel. Son latin, truffé d'archaïsmes (génitifs en *ai* au singulier, en *om* ou en *um* au pluriel,

---

aussi bien les éléments des mots (les lettres) que les éléments du réel (les principes, les quatre éléments, les atomes).

accusatifs singuliers en *im*, infinitifs passifs et déponents en *ier*...), est plus proche d'Ennius, notent les spécialistes, que de Virgile. On le sent à l'écart des modes, avide de gloire, peu désireux de succès. « J'ai la beauté facile et c'est heureux », dira Eluard. Lucrèce, lui, aurait plutôt la beauté difficile, et cela fait partie de sa grandeur. Il ne fait pas semblant. Il travaille, il argumente, il se donne de la peine. Il lutte contre la bêtise, contre l'obscurantisme, contre le latin même. Il se bat contre son temps, mais au nom du passé plutôt que de l'avenir. Il invente une langue ; il prend modèle sur les anciens (Ennius, Empédocle, Homère...). C'est une espèce de Présocratique, mais plus de trois siècles après Socrate. Il fait du vieux avec du neuf, de la poésie avec du concept. Il y a quelque chose en lui de rugueux, d'âpre, d'archaïsant, de laborieux parfois. Plus de force que de grâce. Plus de profondeur que de charme. Plus de beauté que de joliesse – et plus de sublime, souvent, que de beauté. La légèreté n'est pas son fort. L'élégance n'est pas son fort. Il emporte davantage qu'il ne séduit. Il convainc davantage qu'il n'attire. Il appuie là où ça fait mal. Il n'a pas peur de se répéter, ni d'ennuyer. Il dit ce qu'il faut, comme il faut, ou comme il peut. Il écrit en hexamètres dactyliques, le vers de l'épopée (le vers d'Ennius, qui l'adapte d'Homère), mais qu'il retourne contre les mythes, les légendes, les héros (sauf Épicure) : il écrit en vérité une anti-épopée. Ce n'est pas un enchanteur, ni un courtisan, ni un mythologue. Poète militant, à l'opposé d'un Virgile, mais apolitique – sans autre parti que l'épicurisme, sans autre cause à défendre que le plaisir, la raison et la paix. Il est capable de rudesse, de colère, d'injustice ; aussi de compassion et d'enthousiasme. C'est une force qui va, et qui entraîne. La douceur est au bout, là où lui-même n'est pas encore, sauf exception, là où il veut aller, où il nous entraîne, où il nous laisse. Cela fait comme un immense silence, au sortir du poème, comme un cri rauque, qui se serait tu.

La poésie, au même titre que la musique ou les arts plastiques, fait partie, note-t-il au chant V, de ces « plaisirs raffinés » qu'on doit au lent progrès des civilisations[1]. Elle fut l'une des passions de Lucrèce, qui occupait jusqu'à ses rêves[2]. Qu'elle ne soit nécessaire ni à la vie ni au bonheur, c'est ce que l'épicurisme enseigne et que notre poète ne dément pas. On peut donc s'en passer. Mais pourquoi le faudrait-il, si elle nous aide à vivre, si elle nous rend plus intelligents, plus lucides, plus forts, si elle nous offre des plaisirs nouveaux et salutaires ? Tel fut le pari de Lucrèce : mettre la poésie au service de la philosophie (non l'inverse, ce qui ne serait qu'esthétisme ou sophistique, comme on voit chez ceux « qui tiennent pour vrai ce qui charme les oreilles ou se présente tout fardé de sonorités plaisantes[3] »). Il n'en est pas moins poète pour autant, peut-être l'est-il davantage, mettant le vrai en musique et en images, le rendant par là, comme dira Pascal de son Dieu, « sensible au cœur » – mais sans cesser, ajouterait Lucrèce, de l'atteindre aussi et d'abord par la raison.

1. V, 1450-1451.
2. IV, 969-970.
3. I, 643-644.

Qu'en eût pensé Épicure ? Je ne sais. J'espère – pour Épicure, pas pour Lucrèce – qu'il aurait été sensible au génie du poète et à la fidélité, quant au fond, du disciple… Au reste, peu importe. « Épicure lui-même est mort », note Lucrèce[1], et les morts n'ont plus d'avis sur quelque question que ce soit. C'est à nous, les vivants, de juger, et je ne connais pas d'admirateur d'Épicure, et ils sont légion, et j'en fais partie, qui ne donne raison au poète.

1. III, 1042.

III

Contre la religion

Tantum religio potuit suadere malorum !
Lucrèce, I, 101
(« Tant la religion put conseiller de crimes ! »).

L'épicurisme en poème, donc, et la sagesse en complainte. Double paradoxe, double écart, comme font les atomes, par rapport à la ligne droite de l'épicurisme. Quelle création autrement, et quelle liberté[1] ? Cela ne retire rien à la fidélité du disciple, quant à la doctrine, ni à l'admiration qu'il ressent pour son fondateur. Là-dessus, inutile de s'attarder. Il suffit de citer à nouveau le poète, qui fera lui-même la transition avec un autre thème, comme on dirait en musique, qui nous retiendra davantage. C'est l'un de ses textes les plus fameux, dans le prologue du livre I : on y trouve à la fois un très bel éloge d'Épicure et une critique, singulièrement appuyée, de la religion,

1. Voir le texte fameux sur le *clinamen*, II, 216-293. Nous lui consacrerons notre huitième chapitre.

à laquelle Lucrèce ne pardonne pas le sacrifice, ou plutôt l'assassinat, d'Iphigénie.

Rappelons d'un mot l'histoire, qui nous vient d'Eschyle et d'Euripide davantage que d'Homère. Les guerriers grecs doivent embarquer pour Troie, afin d'y faire la guerre. Les vents sont contraires. Les prêtres, qui y voient un signe surnaturel, comme une réticence divine (une bouderie de Diane-Artémis, pour se venger du meurtre de sa biche !), obtiennent d'Agamemnon, pour rendre les vents favorables, qu'il sacrifie sa propre fille à la colère des dieux. C'est comme le sacrifice d'Isaac, dans sa version grecque – sauf qu'Agamemnon n'est pas Abraham (c'est aux prêtres qu'il obéit, point à Dieu), sauf que Lucrèce est le contraire d'un prophète, et sauf qu'aucun Dieu, chez Eschyle ou Lucrèce, ne vient substituer un bélier ou une brebis au corps tremblant de la malheureuse Iphigénie[1]… Ce sont, juste après l'Hymne à Vénus, dont je parlerai dans un instant, presque les premiers vers du chant I. Lucrèce commence par célébrer la grandeur irréligieuse d'Épicure, avant de s'en prendre lui aussi, mais à sa façon, aux ravages de la religion :

1. Voir Eschyle, *Agamemnon*, vers 190 à 249. Dans d'autres versions, et spécialement chez Euripide, Artémis-Diane substitue « une biche palpitante » au corps d'Iphigénie, qui s'envole vivante « chez les dieux » (*Iphigénie à Aulis*, Exodos). Quant à Homère, rappelons qu'il n'évoque qu'en passant les trois filles d'Agamemnon, parmi lesquelles « il n'est pas sûr qu'Iphianassa, dont le nom commence de la même façon, ne soit qu'un doublet d'Iphigénie », création de poètes ultérieurs (R. Flacelière, dans sa traduction de l'*Iliade*, Paris, Gallimard, « Bibliothèque de la Pléiade », en note aux vers 144-148 du chant IX).

Alors qu'aux yeux de tous l'humanité traînait
Honteusement le poids de la religion,
Dont le spectre flottant dans les régions célestes
Menaçait les mortels de son regard hideux,
Le premier, un Grec, un homme, un mortel, contre elle
Osa lever les yeux, contre elle se dresser !
Rien ne put l'arrêter : les mythes ni la foudre,
Et ni les grondements menaçants du tonnerre.
Tout cela ne faisait qu'exciter son désir
De forcer le premier les portes du réel.
Enfin, triomphant, il s'élança par l'esprit
Loin au-delà des murs enflammés de ce monde.
Parcourant en pensée l'univers infini,
Vainqueur, il nous apprend ce qui peut arriver
Et ce qui ne le peut, la puissance finie
Que possède chaque être, et sa borne immuable.
Voilà la religion à son tour terrassée,
Tandis que victorieux nous montons jusqu'au ciel !
Une crainte me vient : peut-être vas-tu croire
Que je veux t'initier à quelque dogme impie,
T'ouvrir la voie du crime ? Au contraire : souvent
C'est la superstition qui devient criminelle.
C'est ainsi qu'à Aulis, sur l'autel d'Artémis,
Le sang d'Iphigénie atrocement coula
Par la faute des chefs grecs, la fleur des guerriers.
Dès que sa tête pure eut coiffé le bandeau
Dont les larges rubans lui caressaient les joues,
Elle aperçut son père accablé de douleur,
Le prêtre à son côté cachant son long couteau,
Et le peuple à sa vue qui se met à pleurer.
Muette de terreur, elle ploie, elle tombe.
Malheureuse ! Que lui servait alors d'avoir
La première donné au roi le nom de père ?

Des mains d'hommes sur elle effrayantes se posent,
La portent à l'autel, non pour s'y marier,
Hélas, non pour le rite et les chants de la noce,
Mais pour y mourir vierge, assassinée, à l'âge
Même du mariage, immolée par son père
Au départ des vaisseaux, à la faveur des dieux !
Tant la religion fut féconde en horreurs[1] *!*

Je ne connais pas de texte, dans toute l'Antiquité, qui ait cette vivacité antireligieuse, cette rage, cette radicalité. On comprend que les moines, au Moyen Âge, ne se soient guère souciés de diffuser ce genre de brûlot… Certes, la critique de la superstition, et même de la religion populaire, était un thème traditionnel de l'épicurisme. Mais Lucrèce lui donne une tension, une violence, une espèce de fureur tragique, qu'on ne retrouve guère dans les textes d'Épicure, du moins dans ceux qui sont parvenus jusqu'à nous. C'est ce qui donne à cet éloge d'Épicure, traditionnel dans l'école, sa singularité, ici très lucrétienne. Camus dira la chose joliment : « Épicure, dans l'épopée de Lucrèce, deviendra le rebelle magnifique qu'il n'était pas[2]. » Le voilà en effet transformé, par la grâce de la poésie, en une espèce de Prométhée philosophe, qui semble bien différent, par les affects qu'il exprime ou suscite, de l'auteur – si doux, si serein, si peu révolté – de la *Lettre à Ménécée.* Il faut d'ailleurs rappeler qu'Épicure n'était pas athée. Les dieux, pour lui, existaient bien, mais pas ici, mais pas sur terre :

1. I, 62-101.
2. *Op. cit.*, p. 442.

ils vivaient dans les *intermondes*, comme il disait (l'univers infini comportait selon lui un nombre infini de mondes finis, les uns à peu près semblables au nôtre, d'autres très différents), et ils y étaient trop heureux pour s'occuper des humains. Inutile de les supplier, absurde de les craindre. En revanche, il pouvait être bon de prendre modèle sur eux, sur leur bonheur, sur leur sérénité, qu'on pouvait à peu près connaître ou deviner puisqu'on voyait apparaître parfois, spécialement dans les rêves, leur image évanescente et splendide qu'apportaient jusqu'à nous d'impalpables simulacres… Comment, sans ce modèle-là, aurions-nous eu l'idée de la sagesse ?

Puissance de l'imaginaire… « Les dieux existent, disait Épicure : la connaissance que nous en avons est évidente[1] » et « naturelle[2] ». C'est une de mes raisons d'être athée : que même Épicure ait cru aux dieux anthropomorphes des Grecs, et parce qu'il les voyait ou les imaginait[3] ! Cela en dit long sur le poids de l'histoire, sur la crédulité de tous, y compris des plus grands, et sur le pouvoir quasi hallucinatoire de l'esprit humain…

Lucrèce, c'est différent. Quand il parle des dieux, ce qui ne lui arrive somme toute qu'assez rarement,

1. *Lettre à Ménécée*, 123. Voir aussi le scholie de la première des *Maximes capitales*.

2. D'après Cicéron, *De la nature des dieux*, I, 17, 44. Voir la note 3 de Marcel Conche, dans sa traduction de la *Lettre à Ménécée* (*op. cit.*, p. 217).

3. Voir le même scholie de la première Maxime capitale, ainsi que Cicéron, *De la nature des dieux*, I, 19, 49 (il s'agit d'une vision mentale plutôt qu'oculaire).

c'est surtout pour souligner qu'ils ne sont ni les créateurs ni les maîtres de notre monde, pas plus d'ailleurs que d'aucun autre, qu'ils ne s'occupent pas de nous, qu'il n'y a rien à en craindre ni à en espérer – moins pour célébrer leur bonheur que pour dénoncer les illusions et les dangers de la religion[1]. Piété ou prudence, Épicure recommandait de participer aux cérémonies religieuses[2]. Lucrèce, jamais. Il semble prendre au sérieux l'étymologie traditionnelle et douteuse qui rattache *religio* à *religare*. Mais la religion, pour lui, est moins ce qui *relie* que ce qui *ligote*. Aussi vient-il en défaire les nœuds, pour « dégager l'esprit des liens étroits de la superstition » (*religionum animum nodis exsoluere*[3]). C'est à se demander, parfois, s'il n'était pas athée. Il chante Vénus ? Mais c'est en poète, non en croyant – pour célébrer le plaisir, non la divinité ! Ce sont les tout premiers vers du premier chant, juste avant l'éloge d'Épicure et l'évocation de l'assassinat d'Iphigénie :

1. Voir spécialement les vers 146-199 et 1161-1240 du livre V. Voir aussi II, 644-651.

2. Sur tout cela, voir les textes cités par Solovine, dans son élégante édition des *Doctrines et maximes* d'Épicure, Paris, Hermann, 1965, p. 164 à 166. Voir aussi le livre déjà ancien de Festugière, *Épicure et ses dieux*, Paris, PUF, coll. « Mythes et religion », rééd. 1968. Enfin, sur la position religieuse, ou plutôt irréligieuse, de Lucrèce, on se reportera aux judicieuses analyses de Jean Salem, dans son livre très érudit sur *Lucrèce et l'éthique (La mort n'est rien pour nous),* Paris, Vrin, 1990, p. 42 à 55.

3. I, 932 (trad. Ernout, qui note que « Lucrèce joue sur *nodus* et *religio* qu'il fait dériver évidemment de *religare* »).

Notre Mère, plaisir des hommes et des dieux,
Douce Vénus, dessous le ciel partout féconde,
Dans la très haute mer, sur les terres fertiles,
C'est grâce à toi que tout vivant est engendré
Et découvre en naissant la clarté du soleil,
Toi, divine, qui fais fuir les vents, les nuages,
À qui la terre artiste offre un tapis de fleurs,
C'est pour toi que la mer se transforme en sourire
Quand le ciel apaisé resplendit de lumière.
Sitôt que le printemps vient égayer les jours,
Dès qu'un zéphyr fécond retrouve sa vigueur,
Tous les oiseaux du ciel célèbrent ton retour,
Ô Déesse, frappés au cœur par ta puissance !
Les bêtes, les troupeaux s'ébattent dans les prés,
Traversent les torrents : enivré de ton charme,
Chacun brûle d'aller où ta force l'entraîne.
Par les mers et les monts, par les fleuves avides,
À travers les forêts, les plaines verdoyantes,
Lançant dans tous les cœurs les doux traits de l'amour,
Tu transmets le désir de perpétuer l'espèce.
Puisque tu suffis seule à régir la nature,
Que sans toi rien n'accède à la clarté divine,
Que rien ne s'accomplit de joyeux ni d'aimable,
J'ai besoin de ton aide afin de composer
Ce long poème sur la nature des choses...
Donne-lui, ô déesse, une grâce éternelle[1] *!*

On dirait une prière. C'est pourquoi je me suis cru autorisé – par jeu et quitte à forcer un peu le texte – à traduire les deux premiers mots, « *Aeneadum genetrix* » (littéralement « Mère des Enéades », c'est-à-dire

1. I, 1-28.

d'Enée et de sa lignée), par « Notre Mère ». Les descendants d'Enée, selon la tradition alors en vigueur, ce sont les Romains, et Lucrèce en fait partie. Cela justifie, au moins grammaticalement, ma traduction, laquelle visait surtout, on l'a compris, à suggérer un parallèle, ou plutôt une opposition, avec le *Notre Père* des Chrétiens. Vénus n'est pas aux cieux mais sur terre (*caeli subter labentia signa* : « sous les signes mouvants du ciel »), présente partout où naissent et renaissent la vie, le plaisir, la lumière… Vénus, ou le Sacre du Printemps ! Cet hymne, « le plus beau qui soit sorti de la bouche d'un païen[1] », n'a rien de religieux, au sens ordinaire du terme. Aucune transcendance ici. Aucun surnaturel. La Vénus de Lucrèce n'est pas Dieu. Elle n'est même pas, en toute rigueur épicurienne, une déesse (aucune divinité, selon Épicure, ne meut quoi que ce soit dans notre monde). Elle n'est qu'un symbole, une image, une allégorie : elle représente la nature vivante (qui n'est pas toute la nature), les forces de vie, qui sont aussi, indissociablement, celles du désir, du plaisir et de l'amour. Au fond, c'est l'homologue, chez Lucrèce, de ce qu'était chez Empédocle l'Amitié ou l'Amour *(Philia),* cette force cosmique d'union, symbolisée par Aphrodite, qui s'opposait à la Haine ou à la Discorde *(Neikos),* force de séparation tout aussi cosmique et tout aussi impersonnelle. La dimension sexuelle, hédonisme oblige, est pourtant plus marquée chez notre poète qu'elle ne l'était, semble-t-il, chez le Présocratique. La Vénus-Voluptas,

1. C. Martha, *op. cit.*, p. 69.

dans ce prologue du chant I, fait en cela songer à « l'Eros éternel » dont Freud, à la fin de *Malaise dans la civilisation*, saluera le combat contre « son ennemi non moins immortel[1] ». Eros contre Thanatos, pulsion de vie contre pulsion de mort (même si les deux, chez Freud, n'en font qu'une), principe de plaisir contre principe de constance (celui-là se déduisant de celui-ci), forces d'union ou de paix, comme chez Empédocle, contre forces d'agression et d'autodestruction[2]... Ce combat se retrouve presque exactement chez Lucrèce, quoique sous d'autres noms. Il n'oppose pas Eros et Thanatos, qui sont grecs, ni *Philia* et *Neikos*, qui le sont tout autant, mais deux personnages de la mythologie latine : Vénus, déesse du désir et de l'amour, et Mars, dieu des armées, de la violence et de la guerre. Pour un Romain du temps de Lucrèce, c'est Mars, depuis des années, qui domine : la Ville est en proie à une guerre civile qui n'en finit pas. Raison de plus pour soutenir Vénus, en sollicitant son soutien : qu'elle veuille bien, demande Lucrèce, intercéder auprès de Mars ! C'était jouer le plaisir contre la violence, et l'amour contre la guerre. Mais Vénus et Mars ne sont pas seulement opposés, comme deux principes ou deux adversaires ; ils sont aussi amants.

1. S. Freud, *Malaise dans la civilisation*, chap. VIII (dernière page).

2. *Ibid.* Voir aussi « Au-delà du principe de plaisir », dans les *Essais de psychanalyse* (surtout les sections V à VII), et *Analyse terminée et analyse interminable*, VI, où la référence aux « deux principes fondamentaux d'Empédocle, *philia* et *neikos* » est explicite.

Cela, qui n'est pas sans profondeur, donne chez Lucrèce un charmant tableau, d'inspiration à la fois pacifiste et érotique, peut-être imité d'une sculpture et qui inspirera bien des peintres. C'est la suite du même texte ; le poète s'adresse toujours à Vénus :

Obtiens que les travaux féroces de la guerre
S'assoupissent partout, sur la terre et sur mer.
Tu peux seule aux mortels donner la douce paix,
Puisque c'est Mars, le dieu des armes, qui préside
Aux batailles. Tu sais qu'il aime à se blottir
Entre tes bras, vaincu par l'amour éternel.
La nuque posée sur ton sein, levant les yeux
Vers toi, ivre d'amour et de désir, le corps
Renversé, il suspend à tes lèvres son souffle.
Couvre-le de ton corps sacré, enlace-le,
Déesse, berce-le de tes mots les plus doux :
Demande-lui la paix pour le peuple romain[1].

C'est comme une *Pietà*, mais laïque et sensuelle. Vénus, sans doute assise, porte sur ses genoux le buste renversé de son amant divin, lui-même assis à ses pieds ou étendu à côté d'elle, qu'elle soutient de ses bras ou enlace, vers lequel elle se penche et qui la regarde… Le tableau, aussi suggestif soit-il, ne doit pas faire oublier l'essentiel. La mythologie n'est ici qu'un matériau rhétorique ou symbolique, qu'il s'agit d'exploiter philosophiquement – au service de la vérité, de la paix et du poème. Vénus et Mars ne sont pas des dieux, tels qu'un épicurien pouvait les

1. I, 29-40.

concevoir. Ils ne sont que la personnification de forces anonymes, à la fois opposées et solidaires (le plaisir et la vie d'un côté, la violence et la guerre de l'autre), qui n'ont rien de surnaturel ni de religieux. Comment en serait-il autrement ? La nature, pour Lucrèce, est le tout du réel : le surnaturel n'existe pas. Il n'y a que des désirs qui se rencontrent (Vénus) et s'opposent (Mars).

Quant à la religion, Lucrèce la considère comme un problème et un danger, davantage que comme une solution. Le danger, on l'a vu, c'est celui de la superstition, des vaines angoisses qu'elle suscite et des horreurs innombrables qu'elle entraîne. Le problème est celui de la genèse du fait religieux. Singulier renversement : là où la religion explique le monde et l'homme par l'intervention des dieux, Lucrèce, en bon matérialiste, « déconstruit » la religion, comme on dit aujourd'hui, c'est-à-dire explique la croyance aux dieux par la situation de l'homme dans le monde. C'est opposer la raison à la superstition, l'anthropologie à la mythologie, la vérité de l'imaginaire à l'imagination de la vérité. C'est faire, en un mot, une théorie naturaliste de la croyance au surnaturel.

Pourquoi la religion ? La réponse de Lucrèce tient en trois points : à cause de l'imagination, de l'ignorance et de la peur.

L'imagination, pour les épicuriens, n'est qu'une perception comme une autre, simplement plus ténue et moins fiable. Elle s'explique, comme tout le reste, par des mouvements atomiques : en l'occurrence par le flux de minces pellicules, bien sûr faites d'atomes, qui se détachent perpétuellement de la surface des corps composés, constituant ainsi des sortes de membranes mobiles, trop subtiles pour être vues individuellement, mais trop nombreuses pour ne pas agir sur l'œil (dans la vision) ou l'esprit (dans l'imagination). Ce sont ces flux continus d'images discontinues, émanant des corps, que Lucrèce appelle les simulacres :

Membranes détachées des surfaces des corps,
Ils voltigent de tous côtés parmi les airs.
Ces simulacres, dans la veille ou le sommeil,
Nous effraient bien souvent, quand nous apercevons
Des monstres étonnants ou les ombres des morts[1].

On a tort de s'en effrayer. Ce ne sont pas des prodiges, ni des fantômes : ce ne sont que des couches superficielles du réel, ou de ce qui le fut (mais réelles encore comme images), souvent disloquées ou mélangées entre elles (des simulacres de chevaux se mêlent dans l'air à des simulacres d'homme : on croit voir un centaure), bref d'impalpables résidus matériels, sans danger pour les vivants, ni d'ailleurs pour les morts (qui ne sont plus). Ce ne sont, insiste Lucrèce, que

Des images des corps, des figures ténues
Qu'ils émettent, se détachant de leur surface,
On pourrait les nommer membranes ou écorces,

1. IV, 35-39.

Puisqu'ils gardent la forme et l'aspect de l'objet
Dont chacun d'eux jaillit pour errer dans l'espace[1]...

Théorie matérialiste de la vision et, il faut y insister, de l'imagination. Le sujet en est moins la cause que le lieu, au moins partiel, et l'effet. « L'individu, vidé de lui-même, ne trouve en lui que le monde[2]. » Car les simulacres peuvent agir sur l'œil, mais aussi, directement, sur l'esprit (qui est matériel, comme tout ce qui existe, mais composé d'atomes plus subtils que le reste du corps). Qu'il n'y ait, dans cette explication, rien de scientifique, au sens moderne du terme, c'est bien clair. Au reste Lucrèce, comme Épicure, situait l'esprit dans la poitrine, sans doute parce que c'est là, c'est du moins ce que suggérait la sensation, qu'on ressent les émotions, par exemple la colère ou la peur. L'enjeu véritable, pour ce qui nous occupe, est ailleurs : il s'agit de rendre raison de la perception, de l'imagination, donc aussi, et de façon purement naturelle, de la croyance au surnaturel. Cela suppose une théorie de l'imaginaire : l'existence des simulacres explique que nous croyions si souvent en des êtres qui n'existent pas (les fantômes, les chimères) ou en la présence d'autres, s'ils existent, que nous n'avons aucune chance, ni aucun risque, de rencontrer jamais (les dieux). Voilà le

1. IV, 46-52.

2. M. Conche, *Lucrèce et l'expérience*, chap. V, § 20, p. 106 (je donne la pagination dans les éditions Seghers et de Mégare, qui sont les plus répandues ; l'édition Fides, qui garde le même texte, a une pagination différente).

monde rendu à son innocence et à sa normalité *matérielles*. Assez de maux réels nous menacent. Pourquoi craindre, en plus, ce qui n'existe pas ou qui est sans danger ?

S'agissant en particulier de la religion, il y a pourtant davantage. Si, de ces visions ou imaginations que procurent les simulacres (y compris ceux, selon Épicure, qui viennent effectivement des dieux), nous avons fait un culte, c'est à cause surtout, explique Lucrèce, de l'ignorance et de la peur. Il fallait expliquer ce qu'on ne comprenait pas (les visions du rêve, le mouvement des astres, le retour des saisons...), essayer d'influencer ce sur quoi on ne pouvait agir (le vent, la pluie, la foudre...), enfin essayer de se protéger contre les dangers bien réels du monde (la maladie, la mort) ou ceux, prétendus, que la superstition invente. Les religions, à les considérer d'un point de vue anthropologique, ont donc, en leur commencement historique, deux fonctions principales, l'une et l'autre imaginaires : une fonction théorique (expliquer) et une fonction pratique (rassurer). Mais cela n'aboutit – c'est ce renversement qui caractérise la superstition – qu'à une généralisation de l'ignorance et de la peur :

En ces temps éloignés, les mortels percevaient
Les corps parfaits des dieux, même pendant la veille,
Qui leur semblaient plus grands encor pendant leurs [rêves...
Ils observaient aussi le mouvement des astres,
Le retour des saisons, dans un ordre immuable,
Qu'ils ne pouvaient en rien expliquer par leurs causes.

Leur seul recours fut donc d'attribuer tout aux dieux,
De tout interpréter comme un signe divin.
Ils placèrent au ciel les demeures des dieux,
Parce que c'est là qu'on voit rouler la nuit, la lune,
Et le jour, et la nuit, et les astres sévères,
Les flambeaux du ciel noir, les étoiles filantes,
Les nuages, les pluies, le soleil, les éclairs,
Et tous les grondements menaçants du tonnerre.
Ô race infortunée des hommes, qui prêta
Aux dieux de tels pouvoirs, d'effrayantes colères !
Que de gémissements pour vous, pour nous combien
De souffrances, pour nos enfants combien de larmes[1] *!*

Lucrèce impie ? C'est souvent le sentiment qu'il donne, qui le rend si moderne, si singulier, y compris dans l'épicurisme, si irremplaçable. Quelle violence parfois, quelle noblesse presque toujours ! Je parlais de complainte, tout à l'heure, et j'avais tort, ou plutôt ce n'est qu'une petite partie de la vérité. Lucrèce (sans parler des passages didactiques ou argumentatifs, qui sont innombrables) est aussi héroïque, révolté, satirique, polémique, rageur, y compris et surtout contre la religion. Il faudra attendre Spinoza, puis le XVIIIe siècle, pour retrouver une telle liberté de ton et de pensée, une telle haine de la superstition, un tel dédain des rites ou des cultes, un tel naturalisme, un tel amour de la raison et de ce que nous appelons aujourd'hui la laïcité. Lucrèce, héros des Lumières, mais avec dix-huit siècles d'avance, et de la liberté de l'esprit.

1. V, 1169-1197.

Parler d'impiété serait pourtant trop dire, du moins si l'on se fie à la lettre du texte, ici de stricte orthodoxie épicurienne. Lucrèce ne se veut pas impie. Simplement sa piété (je dirais plus volontiers : sa spiritualité) n'est pas celle du vulgaire, ni des prêtres. Voici la suite du même texte :

La piété ce n'est point se recouvrir d'un voile,
Tourné vers une pierre ou courant les autels,
Ni se mettre à genoux, ni s'allonger par terre,
Mains tendues ; ce n'est pas inonder les autels
Du sang des animaux, ni faire vœux sur vœux :
C'est pouvoir, l'âme en paix, contempler toutes choses[1].

Cette contemplation sereine, ou cette sérénité contemplative, qui est la sagesse même ou son sommet (*sophia*, en grec, plutôt que *phronèsis*), est pourtant plus facile à énoncer qu'à vivre, à recommander qu'à pratiquer. Cela mesure l'écart à peu près entre la philosophie, qui est un discours, un travail, un combat, et la sagesse, qui serait plutôt un silence, un repos, une paix. La sérénité est le but. C'est dire, tant qu'on s'en préoccupe, qu'on en est loin. Quand c'est l'imagination qui s'affole, il est douteux qu'un raisonnement suffise à nous rassurer. Lucrèce le sait bien, et sans doute d'expérience. La peur est là d'abord (il n'y aurait pas de religion autrement), qui demeure longtemps, dans l'histoire de l'humanité, c'est ce que

---

1. V, 1198-1203. « L'impie, disait Épicure, n'est pas celui qui rejette les dieux de la foule, mais celui qui attache aux dieux les opinions de la foule » (*Lettre à Ménécée*, 123).

retrace le chant V, mais aussi, d'évidence, dans l'histoire de chaque individu. Je crois même entendre, dans les vers de Lucrèce, l'aveu que cette peur peut subsister ou renaître, y compris chez ceux qui ont lu Épicure, qui ont essayé de suivre ses leçons, qui ont cru parfois y parvenir, et qui doivent, à d'autres moments, déchanter. Ce sont les intermittences de l'esprit, comme on dit de celles du cœur. La sagesse ne se décrète pas, ni ne se déduit. On ne se débarrasse pas comme cela des arrière-mondes, ni des idoles, ni de l'angoisse. C'est toujours le même texte qui continue, mais en plus sombre :

Car lorsque nous levons nos regards vers le ciel
Immense, vers la nuit illuminée d'étoiles,
Quand nous pensons au cours du soleil, de la lune,
Alors, étouffée sous d'autres maux, une angoisse
En nous se réveille, remonte à la surface :
Ne sont-ce pas des dieux au pouvoir infini
Qui font danser sur nous les astres de lumière ?
Ignorant toute cause on se noie dans le doute :
Pourquoi le monde ? A-t-il eu un commencement ?
Aura-t-il une fin ? Jusqu'à quand ses remparts
Pourront-ils supporter cet effort incessant ?
À moins que notre monde, assuré par les dieux
D'une force éternelle et d'un cours infini,
Puisse braver sans fin l'assaut sans fin du temps ?
Qui n'a le cœur serré par la crainte des dieux ?
Qui n'est saisi d'effroi lorsque la terre vibre
Et brûle sous les coups terrifiants de la foudre,
Quand de sourds grondements rugissent dans le ciel ?
Ne voit-on pas trembler les peuples, les nations ?

Même les rois si fiers sont frappés de terreur :
Pour un crime, un blasphème, un seul mot insolent,
L'heure du châtiment n'est-elle pas venue ?
Et quand les vents furieux s'acharnent sur la mer,
Menaçant d'engloutir le chef de la flottille,
Avec ses légions, ses éléphants, ce chef
Ne prie-t-il pas les dieux, ne les supplie-t-il pas
D'apaiser la tempête ou de la détourner ?
Vaines prières ! Un tourbillon le saisit,
Une vague l'entraîne au gouffre de la mort.
Tant une force obscure écrase les humains,
Piétine les faisceaux glorieux et les haches !
Nous sommes les jouets de son caprice aveugle[1].

Comment ne pas penser à Pascal (même si c'est moins « le silence éternel des espaces infinis » qui effraie Lucrèce que ce qu'on imagine, à tort, *derrière*) ? Misère de l'homme sans Dieu, et plus encore avec. Qu'est-ce qu'un homme dans l'infini ? Lucrèce, poète de la déréliction, de l'absurde, de l'angoisse. Comment ne pas penser à Schopenhauer, qui aime à le citer[2], ou à Nietzsche, qui le trouvait si courageux et l'opposait à saint Paul[3] ? Cela va au-delà de la question religieuse. Cela va au-delà du matérialisme, de l'atomisme, et même de l'épicurisme. Lucrèce est plus proche de Pascal que de beaucoup de philosophes

1. V, 1204-1235.

2. Voir par exemple *Le Monde comme volonté et comme représentation*, IV, 57, p. 395 et 402 de l'éd. Burdeau-Roos, Paris, PUF, rééd. 1978.

3. Voir par exemple *Considérations intempestives*, III, 8, *Aurore*, I, 72, et *L'Antéchrist*, 58.

irréligieux. Plus proche de Schopenhauer ou de Nietzsche que de bien des philosophes matérialistes. C'est qu'il est un penseur tragique, ce qu'Épicure n'était pas. Nouveau thème, dans notre promenade, qui justifie qu'on s'y arrête quelque peu.

IV

Un penseur tragique

Eadem sunt omnia semper.
Lucrèce, III, 945
(« Tout est toujours pareil »).

Revenons à Iphigénie. Dans le texte que Lucrèce lui consacre, j'ai souligné d'abord le plus spectaculaire, qui est la fureur irréligieuse. Mais il y a autre chose, qui me frappe presque autant : c'est l'insistance, dès l'ouverture du premier chant, sur la folie meurtrière des hommes. L'assassinat d'Iphigénie, pour Lucrèce, ce n'est pas seulement un argument contre la religion. C'est aussi et surtout une tragédie, et point d'abord au sens littéraire du terme : c'est une horreur, une abomination, un crime. La faute des prêtres ? Sans doute. Mais la description qu'il fait de cette jeune fille, de son malheur, de son angoisse, de sa détresse atroce, est trop belle et trop émouvante pour être seulement polémique. Au reste, le *De rerum* n'est pas un pamphlet. C'est un traité, sur la totalité du réel (*omnem naturam rerum*[1]), donc aussi sur l'humanité. La mort d'Iphigénie y a valeur de symbole. C'est un crime des prêtres et des puissants, certes, mais c'est aussi un résumé de la catastrophe humaine, disons de la violence dont nous sommes coupables, du malheur parfois dont nous sommes innocents, et du bonheur, presque toujours, qui nous fuit ou dont nous sommes incapables.

On rencontre ici la principale différence philosophique, sinon doctrinale, entre Épicure et Lucrèce. Clément Rosset, même s'il creuse exagérément l'écart qui les sépare, même s'il a tort, me semble-t-il, d'opposer un Épicure naturaliste et moraliste à un Lucrèce artificialiste et immoraliste[2], a pourtant raison, dans l'interprétation qu'il donne de nos deux auteurs, sur un point important, qu'on peut résumer en une phrase : Lucrèce est un penseur tragique ; Épicure, non. La différence ne réside pas dans l'idée de nature (présente chez Épicure, absente, prétend Rosset, chez Lucrèce), ni dans celle de hasard (qui ne jouerait un rôle décisif que chez Lucrèce, point chez Épicure). Elle tient moins à la vision du monde qu'à la vision de la vie, moins à la conception de la nature ou du hasard qu'à celle de l'homme et de son existence. La tristesse contre la joie ? L'angoisse contre la sérénité ? C'est assurément plus compliqué. Il y a aussi, même

1. I, 949-950, ou IV, 24-25.

2. C. Rosset, *Logique du pire*, Paris, PUF, 1971, rééd. coll. « Quadrige », 1993, Appendice (« Lucrèce et la nature des choses »), p. 123 à 144 ; *L'Anti-nature*, Paris, PUF, 1973, rééd. coll. « Quadrige », 1986, « Les atomistes de l'Antiquité », p. 153 à 182 (voir aussi les p. 256 à 259).

si elle est souvent amère ou paradoxale, une espèce de jubilation, chez Lucrèce, et c'est ce qui donne raison, au moins partiellement, à Clément Rosset :

> « L'ensemble du poème se présente comme le fruit d'une jubilation négatrice, ivre de tout ce dont elle se débarrasse, de tout ce qu'elle nie et réfute : sorte d'extase antiphilosophique qui évacue toutes les significations, et l'idée même que des significations aient un sens. [...] Aux yeux de la pensée tragique, Lucrèce apparaît ainsi comme le philosophe par excellence, l'un des rares anti-idéologues *sans restrictions mentales* : penseur d'aucune idée – pas même celle de "nature" –, visionnaire du rien, auditeur du silence[1]. »

Voilà qui est fort beau et point sans quelque pertinence, mais qui nous fait un Lucrèce tellement rossetien qu'il n'est plus épicurien du tout, ce qu'il aurait eu, selon toute vraisemblance, quelque peine à accepter. Si Lucrèce est un penseur tragique, d'ailleurs plus proche de Schopenhauer que de Rosset ou Nietzsche, ce n'est pas faute d'idées ou d'idéologie (quand bien même cette absence serait portée à son crédit) ; c'est en raison d'un certain point de vue sur l'existence humaine, peut-être d'une certaine expérience, disons d'une certaine orientation de l'esprit ou du cœur. Lucrèce, sans rompre jamais avec l'épicurisme, sans avoir le sentiment, même, de s'en éloigner, en modifie l'éclairage, le climat, je dirais volontiers les harmoniques ou la tonalité. Il insiste toujours sur la

1. C. Rosset, *Logique du pire, op. cit.*, p. 139 et 144.

dimension de malheur, d'anxiété, d'insatisfaction, d'échec, de contradiction non résolue qui déchire le cœur des hommes. C'est le tragique même, au sens le plus ordinaire et le plus profond du terme : la prise en compte inconsolée de la catastrophe humaine. Épicure, au contraire, nous décrit le cœur du sage – c'est ce qu'il appelle l'ataraxie, l'absence de troubles – comme purgé de tout malheur, de toute angoisse, de toute insatisfaction, de tout échec, de tout tragique. Il n'y a là, entre eux, aucune contradiction logique. Ils ne s'opposent que dans la mesure où ils ne parlent pas de la même chose, ou pas du même point de vue : Lucrèce parle davantage des hommes tels qu'ils sont, promis au malheur ou à l'angoisse ; Épicure, davantage des hommes tels qu'ils peuvent ou devraient être, promis, s'ils font ce qu'il faut, au bonheur et à la paix. La différence n'en demeure pas moins, qui n'est pas mineure. Elle rejoint celle que j'évoquais plus haut : Épicure est un sage ; Lucrèce, un poète… Mais il y a autre chose, qui, pour être lié à cette première différence, ne saurait tout à fait s'y réduire. Quoi ? Une différence, disais-je, dans la vision de la vie, de l'humanité, de l'existence… Dans la doctrine ? Point vraiment. Mais dans l'expérience, dans la sensibilité, dans cette intuition, comme dirait Bergson, antérieure à tout système et qui peut seule, de l'intérieur, lui donner chair et vie. Épicure recommandait de « rendre grâce à la bienheureuse nature[1] ». Non, on s'en doute,

1. Selon le témoignage de Stobée, *Florilège*, XVII, 23 [Us. 469], Solovine, p. 154 (« Grâce soit rendue à la bienheureuse nature qui a fait que les choses nécessaires sont faciles à se pro-

parce qu'elle serait un être vivant ou bienveillant ; Épicure n'a pas de ces naïvetés ; mais parce que toute vie y tend au plaisir, parce qu'elle y parvient, si elle reste naturelle, et plutôt facilement ; enfin parce que le monde, une fois débarrassé de nos illusions, est le lieu naturel du bonheur. Ce thème, essentiel à l'épicurisme, est bien sûr présent aussi chez Lucrèce. Mais l'accent, c'est le moins que l'on puisse dire, n'est pas le même. Rendre grâce ? Il n'y est guère porté. La nature ? Elle est moins bienheureuse qu'indifférente ou aveugle, moins promesse de plaisir que de souffrance et de mort. Elle ne parle pas, ni ne chante : elle se tait (Lucrèce évoque quelque part son muet silence : *taciturna silentia*[1]) ou crie (*latrare*[2]). Et cela fait, selon les cas, un silence ou un vacarme également angoissants.

La vie ? Qu'elle tende au plaisir, Lucrèce ne l'ignore pas, ni ne le conteste. Mais c'est plutôt son échec qui le frappe : la vie tend au plaisir mais ne mène qu'à la mort. Tout plaisir est provisoire, et d'ailleurs répétitif. C'est le monde de Schopenhauer plutôt que d'Épicure : *eadem sunt omnia semper*[3], les choses vont toujours de même (*eadem sed aliter*, dira souvent Schopenhauer : les mêmes choses, mais autrement), dans une espèce d'éternel recommencement, qui fait

---

curer, tandis que les choses difficiles à obtenir ne sont pas nécessaires »).

1. IV, 583.

2. II, 17 (littéralement : elle aboie). Ernout note que « l'expression est empruntée d'Ennius, qui lui-même l'a prise à Homère ».

3. III, 945.

plutôt, pour tout vivant, comme une perpétuelle répétition. Rien à espérer de neuf, ni d'absolument différent. C'est ce que nous dit la nature elle-même, dans la fameuse prosopopée du livre III :

Quelle invention, pour toi, puis-je trouver de plus,
Quel plaisir nouveau ? Rien : tout est toujours pareil[1].

C'est le monde de l'Ecclésiaste : « Rien de nouveau sous le soleil... » Comment ne finirait-on pas par se lasser, par se fatiguer, par s'user (c'est ce que mon ami Jean-Michel Besnier, sans penser à Lucrèce mais jouant avec le *Dasein* de Heidegger, appelle joliment *« l'être-las »*). Vivre ? Ce n'est pas seulement jouir, ni surtout. C'est vieillir ou mourir :

Tout faiblit peu à peu, tout marche vers la mort,
Usé par la longueur du chemin de la vie[2].

Un vieillard ? Il regrette sa jeunesse, voire le temps de ses pères. « C'était mieux avant », se dit-il, et le pire c'est qu'il n'a pas toujours tort. Par exemple, ces vieux paysans, confrontés à l'usure de la terre :

Déjà le laboureur soupire, hochant la tête :
Tant d'efforts, se dit-il, fournis en pure perte !
Comparant le présent aux années d'autrefois,
Il célèbre et envie le bonheur de son père.

1. III, 944-945.
2. II, 1173-1174.

Et le vieux vigneron, devant sa vigne vieille,
Se plaint du cours du temps, accuse son époque[1]...

Un enfant qui naît ? Il pleure, et on ne saurait lui donner tort : tant de souffrances l'attendent, et si peu de plaisirs ! Sauf s'il se fait sage ? Peut-être. Mais les sages sont si rares...

Le nouveau-né ressemble au marin que les flots
Ont vomi : il gît, nu, sans langage, sans rien
De ce qui aide à vivre, échoué sur les rives
Du jour, comme arraché du ventre de sa mère.
Il pleure ; il emplit tout de ses vagissements.
Il a raison : la vie réserve tant de maux[2] *!*

Quelle plus forte expression, dans toute l'Antiquité, de ce que nous appelons, depuis Heidegger, la déréliction *(Geworfenheit)*, le fait d'être jeté dans le monde (*proiectus*, écrit Lucrèce : jeté, rejeté, vomi), délaissé, abandonné à la facticité, à la contingence et à soi-même, exposé à tous les risques, à toutes les souffrances, à toutes les angoisses ? Épicure n'est pas Cioran, disais-je plus haut. Mais on voit que Lucrèce, parfois, est plus proche du pessimisme de celui-ci que de la belle confiance de celui-là. De la nature des choses, ou de l'inconvénient d'être né...

La question qui se pose est alors de savoir comment concilier cette sensibilité tragique de Lucrèce avec le thème épicurien – donc aussi lucrétien – de la sagesse.

1. II, 1164-1169.
2. V, 222-227.

L'ataraxie, la paix de l'âme, le bonheur, c'est plutôt le contraire du tragique : l'absence de conflit, de colère, de révolte… Or Lucrèce, au nom même de l'épicurisme, ne cesse de s'irriter, de se battre, de se révolter – contre les dieux, contre les hommes, contre lui-même. La sérénité n'est pas son fort. Le bonheur n'est pas son fort. Comment dès lors concilier ce qu'il enseigne, à la suite d'Épicure (la sagesse, la sérénité, le plaisir en repos de l'âme), et ce qu'il est ? Son message de philosophe et sa vision de poète ? Sa doctrine et sa sensibilité ? Par le contraste entre les deux. Par la tension acceptée et surmontée (et surmontée deux fois : par la rigueur de la pensée, par la beauté du chant) mais non résolue, mais non supprimée. Plutôt que d'essayer d'escamoter cette tension, Lucrèce va au contraire la présenter dans sa plus grande force, dans son maximum d'intensité, travaillant sur les contrastes, comme un peintre, sur les dissonances, comme un musicien, creusant l'écart, jusqu'à en faire un abîme, entre la misère des hommes, d'une part, l'effroyable misère de presque tous, et, d'autre part, le bonheur inaltérable des sages ou des dieux. Comme un peintre, disais-je : il joue sur les valeurs, sur les oppositions, sur les ombres et les éclats, sur le plus sombre et le plus lumineux – sur le contraste entre ce qu'il appelle les ténèbres de l'âme et la lumière de la connaissance. Lucrèce est un philosophe des Lumières, au sens qu'on donnera à ce mot au XVIIIe siècle (ce n'est pas un hasard si c'est l'époque où Lucrèce fut le plus admiré), on pourrait presque dire un philosophe de *la* lumière, puisque la métaphore qu'il reprend si souvent, pour chanter la philosophie, c'est celle de la clarté du jour, qui vient enfin dissiper les ténèbres de la nuit. Aube pâle de la raison, contre l'obscurantisme et ses fantômes. Le jour se lève : il faut tenter de vivre…

Ce thème des Lumières, de la connaissance libératrice, du bonheur de la raison, ou par la raison, est assurément épicurien, et le philosophe Lucrèce est ici aussi fidèle qu'il l'est toujours. Mais quand il parle en poète, il nous donne le sentiment qu'il connaît les ténèbres de plus près, de beaucoup plus près, et d'une expérience plus personnelle, plus intime, plus profonde, plus authentique peut-être, que la lumière. Comme philosophe, il annonce les Lumières ou l'*Aufklärung*. Comme poète, ce serait plutôt le *Sturm und Drang*, comme un préromantisme éternel. Voyez par exemple ce texte, qui ouvre le livre II. C'est le fameux *Suave mari magno*, devenu dès l'Antiquité presque proverbial, et qui peut sembler choquant : comment trouver doux le spectacle d'un naufrage ou d'une guerre ? Les commentateurs répondent, ils ont raison, que ce n'est pas le malheur des insensés qui réjouit le poète, mais la possibilité, pour le sage, d'y échapper. Le texte, qui est fort beau, peut néanmoins agacer, par trop de condescendance ou d'apparente insensibilité. J'y perçois pourtant moins de mépris que de soulagement, moins d'indifférence que de compassion, enfin moins de douceur, malgré la lettre du texte, que de tragique.

Qu'il est doux, quand les vents lèvent la mer immense,
D'assister du rivage au combat des marins !
Non que l'on jouisse alors des souffrances d'autrui,

Mais parce qu'il nous plaît de voir qu'on y échappe.
Doux aussi, lors des grands carnages de la guerre,
De regarder de loin les armées dans la plaine.
Mais rien n'est aussi doux que d'habiter les monts
Fortifiés du savoir, citadelle de paix
D'où l'on peut abaisser ses regards vers les autres,
Les voir errer sans trêve, essayant de survivre,
Se battant pour leur rang, leur talent, leur noblesse,
S'efforçant nuit et jour par un labeur extrême
D'atteindre des sommets de pouvoir, de richesse...
Misérables esprits des hommes, cœurs aveugles !
Dans quelle obscurité, dans quels périls absurdes
Se consume pour rien leur presque rien de vie !
N'entendez-vous donc pas ce que crie la nature ?
Que veut-elle, sinon l'absence de douleur
Pour le corps, et pour l'âme un bonheur pacifié,
Délivré des soucis, affranchi de la peur ?
Le corps, nous le voyons, se suffit de très peu :
L'absence de souffrance est un plaisir exquis ;
La nature apaisée n'en demande pas plus.
S'il n'y a point chez nous d'éphèbes sculptés d'or
Qui portent à la main des flambeaux allumés
Pour éclairer la nuit nos festins, nos orgies,
Si nos murs ne sont pas tout recouverts d'argent,
S'ils ne résonnent point aux accords des cithares,
Il suffit entre amis, couchés dans l'herbe tendre,
Au bord d'une rivière, à l'ombre d'un grand arbre,
De pouvoir sans grands frais prendre soin de nos corps,
Surtout lorsque le temps sourit, quand la saison
Egaie de mille fleurs les prairies verdoyantes...
Les fièvres, les douleurs ne cessent pas plus vite
Sur des tapis brodés, sur la pourpre écarlate,
Que si l'on doit coucher sur un drap plébéien.

Les trésors, pour le corps, ne sont d'aucun secours,
Non plus que la noblesse ou la gloire d'un trône ;
Comment, pour notre esprit, seraient-ils plus utiles ?
Tu peux bien regarder tes légions parader,
Jouer la comédie bravache de la guerre,
Avec tes cavaliers, tes troupes auxiliaires,
Tous aussi bien armés, tous aussi belliqueux !
Tu peux bien déployer ta flotte en haute mer !
Crois-tu par ce spectacle effrayer tes fantômes ?
Faire mourir de peur ta crainte de la mort ?
Crois-tu trouver en toi la paix, la liberté ?
Espoir absurde et vain ! L'angoisse, les soucis
Ne craignent ni les coups ni le fracas des armes.
Ils hantent aussi bien les riches, les puissants,
Sans respect pour l'éclat de l'or ou de la pourpre.
La raison seule en nous peut les mettre en déroute ;
Sans elle notre vie n'est qu'un combat obscur.
Nous sommes des enfants qui tremblent et s'effraient
De tout dans une nuit aveugle : en plein soleil
Parfois nous redoutons des dangers aussi vains
Que ceux qu'ils ont rêvés et croient voir s'approcher.
Ces ténèbres de l'âme, il faut que les disperse,
Non les traits du soleil ni la clarté du jour,
Mais la nature seule, observée et comprise[1].

1. *De rerum natura*, II, 1-61. J'essaie, dans le dernier vers, de rendre quelque chose de la formulation si dense de Lucrèce : *« sed naturae species ratioque »* (que je traduirai plus bas, dans une autre occurrence de la même expression, par « Mais notre raison seule observant la nature »). *Species*, que Léon Robin rapproche à juste titre du *teoria* des Grecs (*Commentaire*, t. I, p. 51-52), c'est la contemplation ou l'observation de la nature ; *ratio*, que Robin rapproche de la *phusiologia* (la science de la nature), c'est l'explication rationnelle de ce que la nature donne à voir. Sully

Les sept derniers vers sont repris deux fois *in extenso*, aux livres III (vers 87 à 93) et VI (vers 35 à 41). Les trois derniers figuraient déjà dans le livre I (vers 146 à 148). On peut y voir la marque de l'inachèvement du poème : s'il avait pu mener l'œuvre à son terme, Lucrèce, selon toute vraisemblance, aurait supprimé ces redites. Il n'en reste pas moins que la répétition donne à ces vers quelque chose de quasi obsessionnel, comme un refrain involontaire, une rengaine obsédante, où il est difficile de ne pas voir une espèce de symptôme ou d'aveu. Il n'y a pas de grandes personnes. La peur est première, pour Lucrèce, et toujours à surmonter ; la sérénité, lorsqu'elle est possible, toujours à conquérir ou à préserver. Cela n'annule pas l'hédonisme mais en modifie l'éclairage, l'atmosphère, le « climat ». C'est le plaisir qui est bon, et qui nous guide. C'est la peur (et la peur de la peur : l'angoisse) qui est notre lot, au moins d'abord,

---

Prudhomme, dans sa traduction du chant I, a trouvé, pour les trois derniers vers, un équivalent assez plaisant :

Pour dissiper l'horreur de notre nuit profonde,
Le soleil ne peut rien, ni le jour éclatant ;
Mais la nature parle et la Raison l'entend !

Reste que « parle », pour *species*, ne convient pas (la nature est un spectacle, pour Lucrèce, point un discours) et escamote l'opposition *species/ratio*. Ernout traduisait : « l'examen de la nature et son explication » ; Clouard : « la vue exacte de la nature et son explication raisonnée » ; Kany-Turpin : « la vue et l'explication de la nature » ; Guittard : « l'observation et l'étude rationnelle de la nature ». J'ai un faible, en l'occurrence, pour la traduction de Pautrat :

... ce qu'il faut,
C'est bien voir la nature et en rendre raison.

et définitivement pour presque tous, je veux dire jusqu'à la mort, qui supprimera seule l'angoisse qu'elle nous inspire. C'est pourquoi il faut philosopher : pour passer de l'angoisse au plaisir, de la peur de la mort à l'amour de la vie. C'est la philosophie même, et l'on voit qu'elle donne raison à Épicure. Mais c'est aussi le tragique même (la vie même, en tant qu'elle est tragique), qui donne raison à Lucrèce : le combat, toujours à recommencer, toujours déjà perdu peut-être – en tout cas impossible à gagner absolument – contre l'horreur ou le néant. Aimer la vie ? C'est le seul bonheur, mais aussi fragile qu'elle, et aussi fugace. Philosophie, où est ta victoire ?

À la fin, comme dira l'autre, c'est toujours la mort qui gagne. Nouveau thème, ou plutôt le même, mais en plus sombre. C'est le tragique ultime – le dernier combat perdu de vivre.

V

L'existence et la mort

Atque animalia sint mortalibus una eademque.
Lucrèce, II, 919
(« Les vivants, les mortels, c'est du pareil au même »).

C'est toujours la même différence, entre Épicure et Lucrèce, mais sous un autre aspect. Je dirais presque, malgré l'anachronisme : Lucrèce est un penseur existentiel, voire existentialiste, ce qu'Épicure assurément n'est pas. Disons que Lucrèce est un psychologue, ce qu'Épicure n'est guère. Que Lucrèce est un écrivain, quand Épicure se contentait d'être un philosophe. C'est pourquoi sans doute Lucrèce nous paraît plus proche de la vie telle qu'elle est, telle que nous l'éprouvons, dans ses à-peu-près, dans ses faiblesses, dans ses souffrances, dans son tragique ou son dérisoire. Non parce que nous serions poètes, mais parce qu'il l'est, lui, souverainement, et parce que la poésie n'est pas autre chose peut-être que la vie même, chantant sa plainte, son bonheur parfois, sa fragilité toujours. « La vie est là, simple et tranquille », murmurait Verlaine. Mais il était en prison et parlait du dehors.

Lucrèce, quoique poétiquement à l'opposé de Verlaine, pourrait dire la même chose, et d'ailleurs il le dit à peu près :

Il suffit entre amis, couchés dans l'herbe tendre,
Au bord d'une rivière, à l'ombre d'un grand arbre[1]...

Mais si cela suffisait vraiment, ou si cela lui suffisait à lui, aurait-il écrit le *De rerum natura*, l'aurait-il écrit en vers, l'aurait-il écrit de cette façon, avec cette beauté déchirante et rude, cette lumière sombre, comme juste avant l'orage ou la tempête ? Il y a du sublime, chez Lucrèce, bien davantage que de la joliesse, et le sublime, montrait Burke[2], ne va pas sans effroi : c'est comme « une délicieuse horreur » (l'expression est de Burke, mais on lit chez Lucrèce : *« quaedam divina voluptas atque horror*[3] *»,* plaisir et frissons mêlés, qui définissent assez bien la joie tragique), comme un effroi, mais plaisant, devant l'infini, la démesure ou « tout ce qui est terrible[4] ». C'est en

1. II, 29-32 ; cf. *supra*, p. 80.

2. Edmund Burke, *Recherches philosophiques sur l'origine de nos idées du sublime et du beau* (1757), trad. B. Saint Girons, Paris, Vrin, 1990. Voir spécialement les sections I, 7, II, 2 et IV, 5.

3. III, 28-29 (« une sorte de volupté divine et de frisson »). Rappelons qu'*horror*, en latin, est moins fort et moins univoque que notre *horreur* : le mot, qui vient du verbe *horreo* (se hérisser, trembler), désigne d'abord un frisson ou un hérissement, qui peuvent être d'effroi, de fièvre ou, parfois, de joie. Chez Lucrèce, les connotations sont plutôt acides ou âpres. On lit par exemple, aux vers 410-411 du chant II : *« serrae stridentis acerbum horrorem »,* « l'aigre grincement de la scie stridente » (trad. Ernout).

4. E. Burke, *op. cit.,* II, 2, p. 98.

quoi la mer, surtout déchaînée, est sublime plutôt que belle. *Suave mari magno*... On pense à l'artiste tragique selon Nietzsche, celui qui « dit *oui* à tout ce qui est problématique et terrible[1]... » Et Lucrèce, certes, est un artiste tragique, dont Nietzsche, qui en parle assez peu, saura pourtant louer comme il faut le courage et la grandeur, celle d'un « disciple sombre, mais venu à la clarté[2] ». J'aime beaucoup cette dernière formule. La clarté, c'est bien sûr celle de la philosophie, de l'épicurisme, de la sagesse. Mais l'obscurité, pour Lucrèce, ou *en* Lucrèce, n'en demeure pas moins. C'est pourquoi il écrit ou chante. L'épicurisme est sa lanterne, qu'il prend pour un soleil.

Dire oui à tout ? Aimer ce qui est *(amor fati)* ? Ce serait du stoïcisme plus que de l'épicurisme, et surtout ce n'est guère le problème de Lucrèce, ni sa solution. Il lui suffit de comprendre et de ne plus avoir peur. *Pax*, dit-il[3]. Cela traduit l'*ataraxia* épicurienne, mais en mineur. L'ataraxie, chez Épicure, et malgré la lettre du mot, c'est davantage que l'absence de trouble : c'est le plaisir en repos de l'âme, plaisir constitutif

---

1. *Le Crépuscule des idoles*, III, 6.

2. *Aurore*, I, 72. Voir aussi *Considérations intempestives*, III, 8.

3. Voir par exemple III, 24 (*animi pacem* : la paix de l'esprit). L'expression, en l'occurrence, porte sur les dieux. C'est souvent le cas, chez Lucrèce, du mot *pax* : ainsi aux vers II, 647 et 1093, ou VI, 69 et 73. Il arrive pourtant que le mot soit utilisé à propos des humains, tantôt pour désigner la paix au sens propre (l'absence de guerre), tantôt, quoique rarement, pour désigner la paix intérieure. C'est le cas, mais sur un mode négatif (pour constater son absence), en VI, 78 : *« animi tranquilla pace »*, la paix tranquille de ton esprit.

(« catastématique »), positif et plein, qui ne peut plus être augmenté[1]. Lucrèce, en bon disciple qu'il est, n'y contredit pas : tout ce que réclame la nature, c'est « l'absence de douleur pour le corps » (ce qu'Épicure appelait l'*aponia*), « et, pour l'esprit, un sentiment de bien-être, dépourvu d'inquiétude et de crainte » (ce qui correspond exactement à l'*ataraxia*)[2]. Mais cela, c'est la déclaration de principe ou d'orthodoxie. Ce qu'on entend réellement dans le poème, durant ces milliers de vers, c'est bien davantage la dimension seulement négative de l'ataraxie (l'absence d'inquiétude et de crainte, ou plus souvent la quête de cette absence) que son versant positif (le sentiment de bien-être, le plaisir en repos de l'âme, le bonheur). Les deux versants, chez Épicure, sont indissociables, voire ne font qu'un. Chez Lucrèce non, me semble-t-il. Il s'agit pour lui, d'abord et avant tout, de combattre la peur. « Car semblables à des enfants, qui tremblent et s'effraient de tout... » Le bien-être ? Le plaisir en

1. Diogène Laërce, X, 136 ; voir aussi les textes cités et commentés par M. Conche, Épicure, *Lettres et maximes*, *op. cit.*, p. 70 à 74. Contrairement à ce qu'on dit souvent et à ce que suggère la lettre du mot, l'ataraxie, chez Épicure, est un état positif : voir ce que j'écrivais dans mon *Traité du désespoir et de la béatitude*, chap. IV, section 8, spécialement p. 489 à 492 de la réédition en un seul volume.

2. II, 17-19. On retrouve ces deux aspects – bien-être et paix – au vers 31 du chant I : *« tranquilla pace iuuare mortalis »* : « réjouir les mortels [c'est le versant positif : la joie, le plaisir] par une paix tranquille [c'est le versant négatif : l'absence de crainte] ». Notons pourtant que *juvare*, en latin, a un sens très large : le mot désigne d'abord l'aide, l'utilité ou l'avantage, puis le plaisir ou la joie (plutôt que le bonheur).

repos de l'âme ? Le bonheur ? C'est beaucoup demander, pour quelqu'un qui va mourir et qui n'est pas un sage. Le repos, même sans plaisir, ce ne serait déjà pas si mal ! Cela ne donne pas tort à Épicure, qui fixe le but ultime. Mais pas tort non plus à Lucrèce, qui ne fait qu'y tendre, qui est en chemin, qui ne demande qu'un peu de repos, sur la route, et de sérénité, avant la mort. La paix plutôt que le bien-être. Le calme plutôt que la sagesse[1]. La tranquillité plutôt que le bonheur. Ce dernier mot (*felicitas* ? *beatitudo* ?) est d'ailleurs absent, chez Lucrèce, et les adjectifs d'où il pourrait provenir *(felix, beatus)* y sont extrêmement rares[2]. Drôle de sagesse ! C'est d'autant plus surprenant que les concepts de bonheur *(eudaimonia)* ou de béatitude *(makariotès)* jouaient, chez Épicure, un rôle majeur[3]. Non, j'y insiste, que Lucrèce cesse pour autant d'être épicurien, et de stricte observance. Il n'a aucunement le sentiment de s'éloigner de son maître,

1. Dont le nom latin, *sapientia*, n'apparaît qu'une seule fois dans tout le *De rerum*, à propos bien sûr d'Épicure (V, 10). L'adjectif *sapiens* est lui-même très rare : l'index de J. Paulson n'indique que trois références, en II, 8 et 988, et III, 761, ces deux dernières occurrences étant d'ailleurs humoristiques. Même *prudentia* n'apparaît pas (*prudens*, une seule fois, à nouveau sur un mode ironique : III, 762). *Sophia* ou *sophos*, *phronèsis* ou *phronimôs*, chez Épicure et malgré la rareté des textes, sont autrement plus fréquents et bien davantage thématisés.

2. On trouve les adjectifs *felix* ou *beatus* en I, 100 et V, 165 et 1378, mais c'est pour désigner respectivement le « départ heureux » de la flotte (à propos de l'assassinat d'Iphigénie !), le bonheur des dieux ou… la fécondité des arbres.

3. Voir par exemple la *Lettre à Ménécée*, § 122 et 128-129, la *Maxime capitale* XXVII et la *Sentence vaticane* 52.

encore moins de rompre avec lui. La différence reste d'accent davantage que de contenu, en tout cas théorique, de vocabulaire plus que de concept, de sensibilité plutôt que de doctrine. Elle n'en est pas moins spectaculaire et significative. L'hédonisme, chez Épicure, débouchait sur un eudémonisme (le plaisir est le bien premier ; le bonheur, le bien souverain). On pourrait dire, en forçant un peu le trait, que l'hédonisme lucrétien, tout aussi incontestable *(Venus-Voluptas)*, ne débouche que sur la sérénité ou la mort. C'est moins un eudémonisme qu'un *ataraxisme* ou, comme on pourrait dire à partir du latin, un *pacifisme* de l'âme. Encore vise-t-il moins la paix suprême *(summa pace*[1]*)* et inaltérable des dieux, que celle – toujours fragile et provisoire mais davantage à notre portée – des mortels.

La paix tranquille *(tranquilla pace*[2]*)* ou calme *(placidam pacem*[3]*)* que vise Lucrèce, en tout cas pour son propre compte, celle qu'il lui arrive d'expérimenter dans ses « nuits sereines[4] », c'est moins le bonheur, a-t-on envie de dire, que l'absence de malheur ou

1. I, 45 et II, 647.

2. I, 31 et VI, 78. Voir aussi (mais il s'agit alors des dieux) II, 1093.

3. I, 40 (il s'agit ici de la paix au sens propre : l'absence de guerre, et spécialement de guerre civile).

4. I, 142 *(« noctes serenas »)*. Il s'agit en l'occurrence de nuits de travail. C'est ce qu'il explique à son ami Memmius, à qui il dédie son ouvrage :

Pour toi j'aime à veiller pendant les nuits sereines,
Soupesant chaque mot, polissant chaque vers,
Pour baigner ton esprit d'éclatantes lumières... (I, 142-143).

d'angoisse. J'y vois comme une sagesse minimale, une sagesse – comme chez Montaigne, mais en plus sombre – pour ceux qui ne sont pas des sages. Vivre comme un dieu parmi les hommes ? La formule est d'Épicure[1], et Lucrèce lui donne raison *(deus ille fuit, deus*[2]*...)*, mais sans y prétendre. C'est que la formule ne vaut que pour les sages, et que lui-même, d'évidence, n'en est pas un. Serait-il poète autrement ? Nous toucherait-il tant ? Pour lui comme pour nous, la vie est toujours compliquée, toujours difficile, toujours angoissante – toujours humaine. C'est pourquoi nous nous reconnaissons dans le miroir qu'il nous tend. C'est pourquoi il nous émeut et nous éclaire. C'est pourquoi il nous apaise parfois (comme Schubert, comme Laforgue, mais avec moins de douceur que le premier, plus de force que le second) en partageant notre peine. Sa sensibilité d'homme blessé (par quoi ? on ne peut le savoir ; peut-être seulement par elle-même) et son génie de poète lui permettent d'exprimer la condition humaine, comme feront plus tard Shakespeare ou Pascal, dans ce qu'elle a de plus sombre, de plus trouble, de plus troublé, parfois de plus déraisonnable. C'est par quoi il atteint, comme eux et davantage qu'Épicure, au sublime.

Le jour est beau, notait Burke, la nuit est sublime ; et la sagesse, certes, Lucrèce ne cesse de le rappeler, est du côté de la lumière. La nuit, toutefois, ne

1. C'est l'avant-dernière phrase de la lettre à Ménécée : « Tu vivras comme un dieu parmi les hommes. Car il ne ressemble en rien à un être mortel, l'homme qui vit parmi des biens immortels. »

2. V, 8 : « Celui-là fut un dieu, oui, un dieu » (trad. Ernout).

disparaît pas pour autant, ni ne cesse, en chaque endroit, de revenir. « Semblables aux enfants qui tremblent et s'effraient de tout dans les ténèbres aveugles… » C'est ce que nous sommes, en tout cas c'est d'où nous partons, ce à quoi il faut – grâce à Épicure – essayer de s'arracher. C'est où Lucrèce commence et recommence. Il n'y a de sublime, soulignait Kant, que pour et par l'esprit. J'en suis d'accord. Seul un être doué d'esprit peut s'effrayer, parfois, de le perdre. Aussi Lucrèce veille-t-il en armes sur sa propre raison, comme disait à peu près Martha[1], et c'est une définition possible, quoique minimale, de la philosophie.

Lucrèce rendu fou par un philtre d'amour ? C'est peu vraisemblable. Mais Lucrèce fou d'amour ou d'autre chose, Lucrèce malade d'angoisse ou de chagrin, Lucrèce délirant peut-être parfois, ivre de poésie, sensible jusqu'à en perdre la raison, ce n'est pas impossible ni tout à fait improbable. D'ailleurs, quand bien même il aurait échappé à ces extrêmes, son poème suffit à prouver qu'il savait, et sans doute d'expérience, ce que c'est que l'angoisse, la passion, la tristesse, ce que j'appellerais, pensant à Pascal autant qu'à Lucrèce, la misère de l'homme sans Dieu ou sans sagesse. Cela m'importe davantage qu'un diagnostic. La lucidité n'est pas une pathologie (pas besoin d'être malade, quoi qu'en dise Freud[2], pour

1. *Op. cit.*, p. 111.

2. Du moins à propos du mélancolique : celui-ci semble « ne faire que saisir la vérité avec plus d'acuité que d'autres personnes qui ne sont pas mélancoliques […] ; il pourrait bien, selon nous,

voir les choses comme elles sont). Le malheur, pas toujours un symptôme (pas besoin d'être malade pour souffrir !). Il suffit à Lucrèce, pour nous toucher, d'être sensible et vrai, lucide et courageux, philosophe et poète. Il lui suffit d'être humain, en un mot, génialement, sublimement, douloureusement humain... Cela m'importe davantage que le bonheur. Vivre « comme un dieu parmi les hommes » ? C'est l'idéal de la sagesse, ou la sagesse comme idéal. Et Lucrèce sans doute y a cru, s'agissant d'Épicure. Mais sans prétendre jamais l'avoir lui-même vécu. Au reste, qui, parmi nous, peut y atteindre ? Qui peut s'y installer durablement ? Cette sagesse n'est qu'une exception, si tant est qu'elle soit possible, ou qu'un leurre. Laissons les dieux à leurs intermondes ou à nos rêveries. Vivre comme un homme parmi les hommes : c'est le seul objectif qui ne mente pas. L'humanité n'est pas une maladie, dont il faudrait guérir, ni un salut, qu'il faudrait atteindre. Elle est le point de départ et le point d'arrivée, le chemin et le but.

Sur ce chemin, qui sera celui de Montaigne, Lucrèce nous accompagne, depuis plus de deux mille ans, et nous précède. Il ne s'agit pas d'échapper à l'humanité. Il s'agit d'échapper à l'angoisse, au malheur, à la superstition – à la maladie non d'être homme ou mortel, mais de ne pouvoir point l'accepter. Contre quoi

---

s'être passablement approché de la connaissance de soi, et la seule question que nous nous posions est de savoir pourquoi l'on doit commencer par tomber malade pour avoir accès à une telle vérité » (« Deuil et mélancolie », in *Métapsychologie*, trad. franç. Jean Laplanche et J.-B. Pontalis, Paris, Gallimard, coll. « Bibliothèque des idées », 1971, p. 153).

il n'est qu'un seul remède, qui est le réel, c'est où je rejoins Rosset, ou la vérité, c'est où je m'en sépare. Quelle philosophie sans idées ? Quel réel sans nature ? *Naturae species ratioque*, écrit Lucrèce. La nature, la raison : l'unité indissoluble des deux. Naturalisme et rationalisme vont ensemble, et c'est peut-être ce qui caractérise le plus profondément le matérialisme de Lucrèce. Cela, toutefois, ne saurait suffire à la sagesse, ni au bonheur. Si la vie était raisonnable, aurait-on besoin de philosopher ? S'il n'y avait que la nature, ou plutôt s'il n'y avait en elle autre chose qu'elle (non du surnaturel mais du culturel), le pourrait-on ?

Cette dimension de poète existentiel ou tragique, de poète pré-pascalien, aurais-je envie de dire, je ne la sens nulle part mieux que dans ce passage – celui peut-être que j'ai le plus souvent relu – qui clôt le livre III. Ce n'est pas le plus connu de Lucrèce (on cite plus souvent l'hymne à Vénus, le *Suave mari magno* ou les éloges d'Épicure), et pourtant c'est un texte extraordinaire de vérité, de profondeur, de modernité, du moins de notre point de vue, qui décrit – dix-sept siècles avant Pascal, vingt siècles avant Heidegger – notre expérience de l'angoisse, du divertissement, du souci, de l'insatiable insatisfaction d'exister… Comme souvent chez Lucrèce, on voit s'y mêler plusieurs thèmes, que je me contente, avant de le traduire, de pointer rapidement.

Le premier, c'est ce que Pascal appellera le *divertissement* : une façon de s'occuper l'esprit par des riens, pour oublier le rien qu'on est et qui nous attend. Se divertir, au sens pascalien du terme, c'est faire semblant d'être heureux, pour oublier qu'on ne l'est pas ; ou bien c'est essayer de l'être, pour oublier qu'on ne le peut ; enfin c'est faire semblant de ne pas mourir, pour oublier que la mort seule nous attend, hors la grâce, et nous emporte. Ce n'est pas le contraire de l'ennui, mais sa fuite ; non le loisir, mais sa vérité et son échec.

Le deuxième thème, c'est la répétition insatisfaite, ou l'insatisfaction répétitive, le cercle du manque, le cycle de l'espoir et de la déception, de la frustration et de l'ennui. C'est un thème pascalien, à nouveau, et plus encore schopenhauerien, du moins à nos oreilles d'Occidentaux et de Modernes. Les Orientaux appellent cela le *samsâra* (la roue des existences, le cycle des naissances et des morts, du désir et de la souffrance). Mais on trouvait le même thème, je l'ai déjà évoqué, bien avant Schopenhauer, bien avant Pascal, dans l'*Ecclésiaste* : « Rien de nouveau sous le soleil, tout est vanité et poursuite du vent… » Renan évoque quelque part « l'épicurien désabusé qui a écrit *l'Ecclésiaste*[1] ». Lucrèce, s'il avait pu le lire, y aurait reconnu comme un frère.

Le troisième thème enfin, qui domine tout le livre III, c'est la mort, et spécialement l'éternité de la mort. Attention là, pas de contresens : lorsque Lucrèce parle d'éternité, cela n'indique nullement qu'il croirait en une autre vie après la mort. Cela veut dire tout le

1. *Vie de Jésus*, chap. IV, Paris, Robert Laffont, coll. « Bouquins », t. I, p. 78. Même remarque chez Marcel Conche : « L'Ecclésiaste, ce livre épicurien… » (*Montaigne et la philosophie*, Paris, Éd. de Mégare, 1987, rééd. PUF, 1996, p. 11).

contraire : que la mort, éternellement, c'est le néant, et que c'est la seule éternité – si l'on entend par là un temps infini – qui nous soit promise. *Mors aeterna*, écrit Lucrèce[1] : seule la mort est éternelle, ou plutôt (car les atomes, le vide et l'univers le sont aussi) rien de vivant ne l'est.

Quel rapport entre ces trois thèmes ? Le même que chez Pascal. Le même que chez Schopenhauer. Le même déjà que chez Montaigne, qui a tant lu Lucrèce[2] et que Pascal a tant lu. Le divertissement, cette perpétuelle fuite en avant de notre vie, mais dans laquelle nous restons prisonniers de nous-mêmes (et d'autant plus que nous nous fuyons davantage), ce cycle du manque, d'espérances en déceptions, de regrets en espérances, toutes ces occupations fébriles, ces agitations, ces *remuements*, comme dira Pascal (« ignorant ce qu'ils veulent, écrit Lucrèce, et cherchant sans cesse à changer de place[3] »), cela ne sert qu'à oublier que nous ne sommes pas heureux, que nous ne pouvons l'être (sauf par la foi dirait Pascal, sauf par la sagesse dirait Lucrèce), et que nous allons mourir. C'est comme une fuite (« chacun cherche à se fuir

1. III, 1091.

2. Lucrèce est l'un des auteurs les plus souvent cités par Montaigne (149 citations), de même que Montaigne, qui possédait l'édition critique du *De rerum natura* établie par Lambin (1563), est sans doute, dans tout le XVIe siècle, l'auteur français qui cite Lucrèce le plus souvent. Le Gascon a d'ailleurs rendu au Latin un fort bel hommage : *Essais*, III, 5, p. 872-873 de l'éd. Villey-Saulnier (Paris, PUF, 1965, rééd. coll. « Quadrige », 2004).

3. III, 1058-1059. Comparer avec Pascal, *Pensées*, fr. 139 (éd. Brunschvicg) ou 136 (éd. Lafuma).

soi-même »[1]), mais qui nous enferme. Comme une odeur de mort qu'on porterait en soi, qui serait soi, et qu'on arroserait de parfum. Mieux vaudrait s'en laver, ce qui serait philosopher « pour de bon », comme disait Épicure[2]. Mais qui peut se laver de la mort ? Comment se nettoyer de soi ? Par la vérité seule, répondrait Épicure, qui ne meurt pas et qui n'a pas d'ego (c'est en quoi les biens de la sagesse sont « des biens immortels », comme le souligne la *Lettre à Ménécée* [3], ce qu'aucun sage bien sûr ne saurait être). Non guérir le moi, donc, mais s'en guérir. Non le sauver, mais *s'en* sauver (s'en libérer). Encore faut-il en être capable. La philosophie est une hygiène. Le divertissement, un cosmétique. Lucrèce est trop lucide pour être dupe de celui-ci, et même, peut-être, pour croire absolument en celle-là.

Ces trois thèmes (le divertissement, le manque, la mort) sont épicuriens. « Nous sommes nés une fois, écrivait par exemple Épicure, il n'est pas possible de naître deux fois, et il faut n'être plus pour l'éternité : toi, pourtant, qui n'es pas de demain, tu diffères de jouir ! Nous consumons notre vie à force d'attendre, et chacun de nous meurt affairé[4] ! » L'affairement *(ascholia),* on pourrait dire aussi le souci, c'est le nom grec ou épicurien du divertissement. Quant au manque, à l'insatisfaction, c'est le propre surtout des

1. Lucrèce, III, 1068.
2. *Sentences vaticanes*, 54.
3. § 135 (ce sont les derniers mots de la Lettre : *« athanatois agathois »*). Voir aussi la *Sentence vaticane* 78.
4. Épicure, *Sentences vaticanes*, 14.

désirs vains (ni naturels ni nécessaires), dont il importe de s'affranchir[1]. Reste la mort, et spécialement le néant de la mort. C'est le diamant noir de la doctrine, comme un bloc de nuit ou d'abîme. Mais, chez Épicure, c'était plutôt une bonne nouvelle, comme une leçon déjà de sagesse ou de sérénité. À quoi bon t'angoisser ? Pourquoi te faire du souci ? Rien de ce qui dure longtemps n'est à craindre ; rien de ce qui est à craindre ne dure longtemps[2]. La mort emportera tout, qui n'est rien ; de quoi aurais-tu peur ? Profite plutôt de la vie et de tes amis… Et Lucrèce, philosophiquement, en est bien sûr d'accord. Disons que le thème est épicurien ; mais l'orchestration, avec cette lourde pulsation dans les graves, ces stridences dans les aigus, cette harmonie trouble ou oppressante, est spécifiquement lucrétienne. Écoutez plutôt :

Cette vie que tu vis, ce n'est qu'une vie morte :
Tu perds dans le sommeil le plus clair de ton temps,
Tu ronfles éveillé, comme hanté par tes songes,
L'esprit toujours en proie à de vaines terreurs,
Sans comprendre jamais la cause de ton mal.
On dirait un ivrogne accablé de misères,
Qui suit en titubant les erreurs de son âme.
Si les hommes pouvaient, comme ils sentent en eux

1. *Lettre à Ménécée*, 127-128. Il ne s'agit donc pas de renoncer au désir, mais de sélectionner, parmi les désirs, ceux qui peuvent être satisfaits. Par quoi l'ataraxie n'est négative que dans sa lettre ou son imaginaire (tant qu'elle n'est pas là) : quant à l'expérience vécue, elle est affirmation, positivité et plénitude.

2. Voir la *Maxime capitale* XXVIII et la note 1 de M. Conche, p. 238-240.

Le poids qui les accable, en connaître les causes,
Savoir d'où vient le mal, pourquoi ce lourd fardeau
Leur oppresse le cœur, ils vivraient autrement
Que nous les voyons vivre, ignorant presque tous
L'objet de leur désir, changeant toujours de place,
Cherchant un autre lieu pour jeter bas leur charge.
Tel s'est précipité hors sa vaste demeure,
Lassé d'être chez lui, puis soudain y retourne,
Ne sentant aucun mieux à s'ennuyer dehors.
Il presse le pas, court, harcèle sa monture,
Comme allant au secours de sa maison en flammes.
Le seuil à peine atteint, il se met à bâiller,
Tombe en un lourd sommeil pour y chercher l'oubli,
À moins qu'il ne se hâte à nouveau vers la ville...
Chacun cherche à se fuir, personne n'y parvient :
On reste prisonnier du moi que l'on déteste.
On sent que l'on a mal ; on ne sait pas pourquoi.
Si on le comprenait, laissant là tout le reste,
On se consacrerait à connaître les causes ;
Car c'est l'éternité qui est en jeu, non l'heure,
Cette éternité dans laquelle les mortels
Passeront tout le temps infini de la mort.
Pourquoi trembler si fort au milieu des alarmes ?
Quel piètre amour de vivre à la vie nous enchaîne ?
Tout mortel doit mourir tôt ou tard, à son heure.
Personne n'y échappe : à quoi bon résister ?
Et puis l'on tourne en rond dans le cercle de vivre,
Où nul plaisir nouveau ne peut plus nous surprendre.
Tant que nous n'avons pas l'objet tant convoité,
Le manque fait son prix. L'avons-nous obtenu ?
C'est un autre aussitôt que visent nos désirs.
La même soif de vie nous tient toujours béants.
Puis nous ignorons tout du sort qui nous attend,

Des coups de la fortune et de la mort promise.
En prolongeant ta vie tu ne retranches rien
À l'infini du temps que durera ta mort.
Tu n'en peux rien ôter, rien soustraire au néant.
Vivrais-tu plus longtemps, vivrais-tu plusieurs siècles,
Tu n'en mourrais pas moins d'une mort éternelle.
Le néant dure autant, que la vie ait pris fin
À l'aube de ce jour ou depuis des années[1].

Que le matérialisme soit une philosophie de la mort, comme l'écrivit un jour Marcel Conche[2], peu l'auront exprimé avec autant de force que notre poète. Là encore, le thème est évidemment épicurien. Mais chez Épicure, répétons-le, c'est plutôt une incitation à vivre, à jouir, à se réjouir, enfin à accepter sereinement le *rien* qui nous attend. L'argumentation d'Épicure a la pureté tranchante et lumineuse du diamant : « La mort n'est rien pour nous, puisque, tant que nous sommes, la mort n'est pas là ; et, quand la mort est là, c'est nous qui ne sommes plus. Elle n'est donc en rapport ni avec les vivants ni avec les morts, puisqu'elle n'est pas pour les premiers, et que les seconds

1. III, 1046-1094.

2. « La mort et la pensée » (1971), *Orientation philosophique*, Paris, PUF, 1990, p. 121. Lisant la première version de ce texte, il y a une trentaine d'années, j'avais écrit sur mon exemplaire, en marge, face à la phrase que je viens de citer : *« Non »*. Dix ans plus tard, relisant le même passage, j'ai barré ce *non*... La formule me gênait, et continue de me gêner, par ce qu'elle peut suggérer de tristesse ou d'apparent nihilisme. Mais ce n'est qu'une apparence, en effet, et c'est ce qu'indique bien clairement la suite du paragraphe, qui mérite d'être citée en entier : « L'homme individuel n'est qu'une partie de l'humanité, et l'histoire humaine n'est

ne sont plus[1]. » Avoir peur de la mort, c'est avoir peur de rien. Quoi de plus absurde ? Ma mort et moi, nous ne nous rencontrerons jamais. Tant que je suis là, elle n'y est pas ; quand elle sera là, je n'y serai plus. Pourquoi devrais-je la craindre, puisqu'elle ne m'atteindra, par définition, qu'*en mon absence* ? « Ce n'est pas que j'aie peur de la mort, écrit drôlement Woody Allen, mais je préférerais être ailleurs quand cela se produira. » C'est ce que la mort réalise exactement, pour chacun d'entre nous, et qui devrait nous la rendre indifférente ou légère. De tous les événements de ma vie, elle est le seul, paradoxalement, qui n'aura pour moi aucune importance. Je n'en mourrai pas moins ? Certes. Mais je ne serai plus là pour en souffrir. « Tout bien et tout mal n'existent que dans la sensation ; or la mort est privation de sensation[2]. »

---

qu'un accident de l'écorce terrestre. Si, des œuvres de l'homme, au bout d'un temps plus ou moins long, il ne reste rien, et si le sens de la vie devait se trouver dans les œuvres de la volonté, il y aurait là un non-sens radical puisqu'on n'aurait voulu que le néant. Cela montre que, dans l'hypothèse matérialiste, le sens de la vie ne peut se trouver dans ce qui *reste* (dans les œuvres et la production des œuvres), mais ne peut être que l'activité elle-même comme ayant sa fin en elle-même en tant qu'activité pleinement réussie (*praxis*, au sens d'Aristote). Si l'on entend par activité réussie une activité heureuse (le bonheur dans l'auto-expression de soi), on peut dire que le matérialisme a besoin de l'idée de bonheur pour éviter le non-sens du néant. Mais le spiritualisme en a également besoin pour éviter le non-sens de l'infini [Marcel Conche, très grec ici, a montré plus haut que « le sens exige le fini »], de sorte qu'il y a finalement, quant au sens (à leur capacité de fonder le sens), équivalence entre les deux hypothèses. »

1. *Lettre à Ménécée*, 125.
2. *Ibid.*, 124.

Rien à craindre de la mort, donc, et rien non plus à en espérer. Leçon de joie et de paix : « La droite connaissance que la mort n'est rien pour nous, rend joyeuse la condition mortelle de la vie, non en ajoutant un temps infini, mais en ôtant le désir de l'immortalité[1]. » *Carpe diem ?* Cela va bien au-delà. Car tout mortel que reste évidemment le sage, il n'en vit pas moins, pardon de répéter la formule, « comme un dieu parmi les hommes[2] ». Le voilà comme libéré de mort : « Car il ne ressemble en rien à un être mortel, l'homme vivant dans des biens immortels[3]. » *Carpe aeternitatem* : la mort n'est rien ; la vie est tout.

Chez Lucrèce, cette dimension peut exister aussi, et existe en effet :

La mort n'est rien pour nous et ne nous touche en rien[4].

Ou un peu plus bas :

Rien à craindre pour nous dans le fait d'être mort ;
Car celui qui n'est plus, il ne peut plus souffrir[5].

C'est de stricte orthodoxie épicurienne. Mais l'accent, par exemple dans le long texte que je viens de citer, n'est pas le même, c'est le moins que l'on puisse dire. Contradiction ? Critique larvée de l'épicurisme ?

1. *Ibid.*, 124-125.
2. *Ibid.*, 135.
3. *Ibid.* Voir aussi la *Sentence vaticane* 78.
4. III, 830.
5. III, 866-867.

Je n'en crois rien. Incapacité, plutôt, à le vivre tout à fait de l'intérieur. C'est moins une divergence doctrinale qu'un écart existentiel, qui mesure la distance entre le disciple et son maître, entre Lucrèce et la sagesse. Le poète note ailleurs que la mort fait ordinairement l'objet, même chez ceux qui font mine de l'accepter, d'une espèce de dénégation[1]. Rien n'interdit de penser que cela pouvait valoir aussi pour lui-même. Pour être épicurien, on n'en est pas moins homme… Toujours est-il que cette mort qui n'est rien, il lui consacre un livre entier du *De rerum*, le troisième, où on la sent singulièrement présente ! C'est comme un long requiem, mais sans prière, sans espérance, sans autre consolation que le néant même qu'il annonce. Pour Épicure, disais-je, la vie est tout, puisque la mort n'est rien. Il m'arrive de penser que pour Lucrèce, à l'inverse, la vie n'est rien – en tout cas rien qui vaille absolument – puisque la mort est tout. Par quoi j'exagère, sans doute, oubliant que Lucrèce connaissait lui aussi ces moments – nuits sereines, jours lumineux – où l'idée du néant devient tonique, gage de paix et de liberté, joyeuse incitation à travailler ou à vivre. Mais combien d'autres moments, dans son œuvre, où la mort se fait envahissante, obsédante, effrayante ? C'est le lot commun de l'humanité, note-t-il lui-même. Ceux qui font mine de ne pas craindre la mort sont des « fanfarons », presque tous, qui ne font les braves que tant que le danger n'est pas là : que la mort s'approche, ils font tout pour la fuir[2].

1. III, 41-58. Voir aussi les vers 870-893.
2. III, 41-58.

C'est donc qu'ils la craignent, quoi qu'ils en disent. Seul le sage fait exception, semble-t-il. Tous les autres sont habités par la mort, et c'est ce qui gouverne, explique Lucrèce, l'essentiel de leur comportement. Ceux-là ont trahi Vénus, ou la prennent à contresens. Au lieu d'aller où le plaisir les conduit *(quo ducit quemque voluptas*[1]*)*, ils vont où la peur les pousse. Triomphe de la pulsion de mort, dirait Freud, mais déguisé en art de la fuite. Le principe de plaisir n'en demeure pas moins, auquel nul n'échappe (leur plaisir à eux, c'est de ne pas mourir, leur vie c'est de survivre), mais devient mortifère à force d'être thanatophobe. Ils font comme un contresens stoïcien : ils croient que persévérer dans leur être est le but suprême, qui va, comme dira Freud, au-delà-du principe de plaisir ; et ils croient que leur être propre est leur *ego* plutôt que la raison universelle (ce en quoi ils se trompent aussi, cela va de soi, sur le stoïcisme). Bref, ils font de la survie – non du plaisir ou de la vertu – le souverain bien. Ils n'en vont pas moins où le plaisir les entraîne, comme n'importe qui, mais c'est un plaisir en creux, dessiné, en négatif, par la mort même qu'il veut éviter. Trahir Vénus, ce n'est pas lui échapper, ce que nul ne peut. Mais c'est la retourner contre la vie, contre elle-même, et contre soi. À la limite : ils ne cherchent plus le plaisir ; ils fuient la mort.

Cela débouche, de façon assez étonnante, sur ce que j'appellerais volontiers une psychanalyse de la

1. II, 258. Voir aussi, *ibid.*, le vers 172 (« ce guide de la vie, le divin plaisir »), et bien sûr l'hymne à Vénus, au début du chant I (spécialement le vers 16).

mort, je veux dire une théorie des affects dans laquelle la peur de la mort joue à peu près le rôle, chez Lucrèce, du désir sexuel chez Freud : c'est elle qui explique la plupart de nos passions, de nos actions, et jusqu'au suicide de ceux qui se tuent, paradoxalement, pour échapper à la crainte que la mort leur inspire. Cela ne va pas, certes, sans dénégation, sans masque, comme dit Lucrèce *(persona*[1]*)*, ni donc, pour qui veut le faire ressortir, sans interprétation (mais c'est vrai de toute psychanalyse) : beaucoup d'actes sont accomplis, en apparence, pour de tout autres motifs, par exemple par cupidité ou désir de gloire. Mais c'est que leurs auteurs ont le sentiment, bien sûr illusoire, que l'argent ou la célébrité mettent la mort à distance, la rendent moins menaçante, moins présente, moins pressante (ce qui n'est pas tout à fait faux s'agissant de l'argent : les pauvres meurent ordinairement plus tôt que les riches, les riches ont le sentiment de vivre plus intensément que les pauvres) ou moins totale (ce qui n'est pas sans quelque apparence de vérité, bien sûr illusoire, s'agissant de la gloire : il arrive que la notoriété survive quelques siècles ou quelques millénaires à celui qui en est l'objet et ne peut en profiter). C'est donc bien la mort qui les meut, eux aussi, ou plutôt la peur de la mort : ils ne cherchent la fortune ou la gloire que pour lui échapper, au moins provisoirement, ou l'éloigner d'eux. On pourrait parler, chez Lucrèce, d'un *pan-mortalisme*, comme on parle d'un pan-sexualisme chez Freud. Le philosophe même n'y échappe pas,

1. *Ibid.*

peut-être, qui cherche des « biens immortels ». Tous les autres, en tout cas, restent prisonniers de cette peur qui les motive, même inconsciemment (ils l'ont « oubliée » : *obliti*[1]), et à laquelle ils voudraient échapper. La crainte de l'Achéron

Pénètre jusqu'au fond de l'homme, noircissant
Chaque instant de sa vie des couleurs de la mort,
Au point que nul plaisir ne reste pur et clair[2].

C'est comme un voile de deuil, qui recouvrirait tout, comme une odeur de cadavre flottant sur les humains. Ils ne vivent pas ; ils essaient de ne pas mourir, ou pas maintenant, ou pas totalement, ou ils essaient de penser à autre chose... Pauvres mortels, qui ne vivent que dans la dénégation de ce qu'ils sont ! Toute une vie à mentir, à faire semblant, à vouloir éviter l'inévitable ! Toute une vie rongée, de l'intérieur, par le néant même qu'elle veut fuir ! Toute une vie à l'ombre de la mort !

Tel est, explique Lucrèce, le pousse-au-crime de l'humanité :

C'est la cupidité, c'est le désir de gloire,
Qui poussent les humains à transgresser la loi,
Jusqu'à se faire auteurs ou complices d'un crime.
Ils œuvrent nuit et jour, jusqu'à l'épuisement,

---

1. III, 82. Voir aussi, toujours à propos de la mort mais d'un autre point de vue (l'incapacité où se trouve l'ignorant de la penser vraiment comme néant) l'*inscius ipse* du vers 878 (« à son insu même, il suppose qu'il survit quelque chose de lui »).

2. III, 38-40.

Pour atteindre au sommet. Mais toutes ces passions,
C'est la peur de la mort surtout qui les nourrit.
Car être méprisé, croupir dans la misère,
C'est pour eux l'opposé d'une vie douce et stable,
C'est comme être déjà dans l'ombre de la mort.
Aussi souhaitent-ils, mus par leur vaine peur,
Fuir loin de ces maux, les écarter loin d'eux :
Ils font couler le sang pour accroître leurs biens,
Ils doublent leur fortune, osent meurtre sur meurtre
Jouissent cruellement des obsèques d'un frère,
Et n'ont que haine ou peur aux repas de famille.
C'est cette même peur de la mort, bien souvent,
Qui les ronge d'envie : ils voient l'un si puissant,
L'autre si regardé, si recouvert d'honneurs,
Tandis qu'eux-mêmes n'ont que la nuit et la boue...
Ils mourraient pour avoir leur statue et la gloire !
Il en est même à qui cette peur de mourir
Inspire un tel dégoût de vivre et d'être au monde,
Qu'ils se donnent la mort, tant ils sont malheureux,
Oubliant cette peur d'où viennent tous leurs maux[1]*...*

On repense à la légende du suicide de Lucrèce, légende *peut-être*, comme disait Alain... Surtout, on comprend mieux l'espèce d'ambivalence dont le thème de la mort, chez Lucrèce, fait l'objet. Cette obscure clarté qui tombe du néant, est-ce une aube ou un crépuscule ? L'annonce d'un repos ou l'angoisse d'une fin ? L'une et l'autre : c'est le même soleil qui se lève et se couche ; c'est le même homme qui voudrait et l'oubli et l'éternité. La mort n'est rien ? Il n'y a rien

1. III, 59-82.

à en craindre ? Sans doute. Mais dans le long passage que je citais plus haut, il est difficile de ne pas entendre aussi une espèce de rage sourde, comme un mélange d'angoisse et de désespoir, qui résisterait aux leçons de sagesse que le poète, à la suite d'Épicure, nous adresse, et dont il a quelque peine, semble-t-il, à se convaincre tout à fait lui-même…

« L'idée qu'il pourrait y avoir une angoisse devant le néant comme tel est totalement étrangère à Lucrèce », écrit Marcel Conche[1]. Il est vrai qu'elle n'est jamais thématisée, jamais explicitée. De là à dire qu'elle n'existe pas… S'il s'appuie tant sur le néant d'avant notre naissance pour nous aider à accepter celui d'après notre mort, c'est que cette acceptation, malgré tout, ne va pas de soi. La peur de la mort, ce n'est pas seulement la peur des enfers, d'ailleurs déclinante, en tout cas chez les élites, du temps de Lucrèce ; c'est aussi la peur de ne plus vivre, « la crainte de l'insensibilité qu'il y a dans l'être-mort[2] », de « la cessation des choses de la vie[3] », comme un regret anticipé et illogique (puisqu'on ne sera plus là pour regretter quoi que ce soit) des plaisirs dont on ne jouira plus[4] – ce que j'appellerais volontiers l'an-

1. *Lucrèce et l'expérience*, *op. cit.*, chap. VI, § 22, p. 117.
2. Épicure, *Lettre à Hérodote*, 81.
3. *Lettre à Ménécée*, 125.
4. III, 894-930. C'est ce que M. Conche, classant dans son édition d'Épicure les différentes raisons de craindre la mort, appelle « la crainte d'être privé des joies de la vie ». Le thème, qui « devait se trouver déjà chez Épicure » (l'auteur renvoie à la Maxime XX), est celui « qui apparaît surtout chez Lucrèce : on craint la mort qui nous privera des joies et des plaisirs de la

goisse du néant non « comme tel », certes, mais, absurdement, à la première personne. Car ce que montre Lucrèce, et qui donne raison à Marcel Conche, au moins pour les sages, c'est que cette angoisse est imaginaire, incohérente, sans objet réel – qu'elle suppose qu'on se fantasme vivant, après la mort, pour regretter de ne l'être plus[1]. J'en suis d'accord. Mais cet imaginaire fait partie de notre vie, voire nous constitue comme sujets. Une incohérence peut valoir comme réfutation ; mais où a-t-on vu qu'une réfutation tienne lieu de sagesse ? J'ai cité plusieurs fois la fin de la *Lettre à Ménécée*, si belle, si apaisée, si exaltante à sa façon : « Tu vivras comme un dieu parmi les hommes ; car il ne ressemble en rien à un être mortel, l'homme qui vit dans des biens immortels. » C'est la leçon d'Épicure, et c'est une leçon de sérénité, de bonheur, d'éternité ici et maintenant – ce que j'ai appelé ailleurs une mystique de l'immanence[2]. Chez Lucrèce, la seule éternité est celle du vide, des atomes et de l'univers, qui ne vivent pas, et du néant *(« mors aeterna »),* où nous ne vivrons plus.

---

vie » (Épicure, *Lettres et maximes*, p. 51-52). Si ce n'est pas la crainte du néant *« comme tel »*, ce que j'accorde, reconnaissons que cela y ressemble d'assez près (c'est la crainte de la « non-vie », *Lettre à Ménécée*, 125), surtout si l'on y ajoute, pour suivre toujours M. Conche, « la crainte de la mort corrélative du désir d'immortalité » (*ibid.*). Si « nous craignons la mort parce que nous voudrions toujours vivre encore » (*ibid.*), c'est que nous craignons de ne plus vivre, ce qui est très proche, à nouveau, de la peur du néant.

1. III, 870-977.

2. *L'Esprit de l'athéisme (introduction à une spiritualité sans Dieu),* Albin Michel, 2006. Voir surtout le 3e chapitre.

Avoir peur de rien ? Pour Épicure, c'est une espèce de folie, dont l'énoncé autoréfutatif devrait suffire à nous guérir. Nos psychiatres y verraient plutôt la définition même de l'angoisse (par différence avec la crainte), qu'il n'a jamais suffi de définir pour soigner ou apaiser… Lucrèce, sans jamais donner tort à son maître, leur donne pourtant raison, à sa façon, et confirme ce que nous savons tous. S'il suffisait de penser bien pour vivre bien, aurions-nous besoin de médecins ? La réciproque est vraie aussi : s'il suffisait d'être bien soigné pour bien vivre, aurions-nous besoin de philosophie ? Par quoi Lucrèce nous éclaire plus profondément qu'Épicure peut-être, sinon sur le néant qui nous attend, qui n'est qu'une abstraction, du moins sur celui qui nous habite ou nous oppresse.

Matérialisme : philosophie de la mort et sagesse de la vie. Mais celle-là n'a jamais suffi, hélas, à celle-ci.

La leçon de sagesse n'en existe pas moins, qui demeure valide. Lucrèce, ici comme ailleurs, est d'abord un épicurien orthodoxe :

La mort n'est rien pour nous, ni ne nous touche en rien,
Puisque tout notre esprit est d'essence mortelle.
De même qu'autrefois nous n'avons point souffert
Quand les Carthaginois se ruèrent sur Rome[1] *[...],*
De même à notre mort, quand le corps et l'esprit
Briseront l'unité vivante que nous sommes,
Rien alors ne pourra, nous qui ne serons plus,

1. La dernière des guerres puniques se termina en 146 av. J.-C. ; Lucrèce n'était pas né.

Nous atteindre jamais ni stimuler nos sens,
Fût-ce la fin du monde, où terre et ciel se mêlent...
Car s'il doit y avoir quelque douleur future,
Il faut, pour en souffrir, que l'on existe encore.
Puisque la mort l'exclut en supprimant celui
Qui serait supposé justement en pâtir,
Il est clair que la mort n'est nullement à craindre,
Que celui qui n'est plus ne peut pas être mal,
Et qu'il n'importe plus que l'on soit né ou non
Quand la mort immortelle a pris la vie mortelle[1].

C'est du plus pur épicurisme. D'où vient alors qu'on entend dans ces vers, et quelle que soit la traduction qu'on utilise, autre chose que dans les « paroles d'or » du maître bien-aimé ? C'est peut-être que Lucrèce n'est qu'un disciple, point un maître ; qu'un homme, point un dieu *(deus ille fuit, deus...)* ; qu'un Romain, point un Grec ; qu'un philosophe, point un sage ; enfin qu'un poète, et c'est tant mieux, plus encore qu'un disciple. Il récite sa leçon, certes, il la médite, comme Épicure invitait à le faire[2], et sans doute il y croit. Mais cela ne lui suffit pas, ou pas complètement, ou pas plus qu'à nous – cela n'en fait pas un sage. Quelque chose demeure en lui, quelque chose d'inapaisé et d'obscur qui est lui, comme un néant imaginaire et réel pourtant (l'imagination fait partie du réel, le vide fait partie de la nature), comme une peur constitutive (comme est le plaisir chez Épicure), à la fois première et ultime, illusoire et vraie,

1. III, 830-869. J'emprunte la traduction du dernier vers à J. Kany-Turpin.

2. *Lettre à Hérodote*, 35-36 ; *Lettre à Ménécée*, 135.

comme une angoisse qui nous ressemble. Seule la mort est éternelle *(mors aeterna*[1]*)*, seule la mort est immortelle *(mors inmortalis*[2]*)*, et cela fait, dans la clairière de vivre, comme une grande ombre qui nous attend, qui nous menace, quoiqu'elle ne soit rien, qui nous attire peut-être… C'est l'ombre portée du néant, sur la clarté de vivre.

L'ombre aussi d'être un homme, « un mortel », dans la lumière du vrai.

L'ombre de la finitude, dans la nature infinie.

L'ombre de l'imaginaire, dans la clarté de l'épicurisme ou de la raison *(Tam clarum lumen*[3]*, tam clara luce*[4]*)…*

---

1. III, 1091. Cf. *supra*, p. 99. On dira que les atomes, le vide et la nature sont éternels aussi. Mais c'est qu'ils ne vivent pas : ils ne sont immortels que parce qu'ils sont déjà morts, ou plutôt non-vivants.

2. III, 869. Copiant ces vers, dans les travaux préparatoires à sa Dissertation de doctorat, le très jeune Marx de 1841 (il avait 23 ans) ajoute ce commentaire : « On peut dire que dans la philosophie épicurienne l'immortel est la mort. L'atome, le vide, le hasard, l'arbitraire, la composition sont en soi la mort » (*Différence de la philosophie de la nature chez Démocrite et Épicure*, trad. J. Ponnier, Bordeaux, Ducros, 1970, p. 172). C'est une lecture un peu trop hégélienne pour être tout à fait épicurienne ou même marxiste, mais qui n'est pas, s'agissant de Lucrèce, sans pertinence. Au reste, toute l'interprétation de Marx, d'ailleurs étonnamment pénétrante pour un si jeune homme, doit beaucoup (plus sans doute qu'à Épicure lui-même) à Lucrèce, « qui est somme toute le seul parmi tous les Anciens à avoir compris la physique d'Épicure » (*ibid.*, p. 241).

3. III, 1 (à propos d'Épicure) ; voir *supra*, p. 22.

4. V, 12 (toujours à propos d'Épicure).

L'ombre de l'enfance, dans le plein jour prétendu des adultes.

L'ombre des insensés que nous sommes tous, sous le soleil de la sagesse.

La grande ombre de Lucrèce, profonde et fraternelle, dans la très douce lumière d'Épicure.

VI

La Vénus vagabonde

Uolgiuagaque uagus Venere ante recentia cures.
Lucrèce, IV, 1071
(« Pour te soigner errant, la Vénus vagabonde »).

Après la mort, l'amour. Enfin un sujet un peu plus gai, penseront certains… Sans doute. Qui ne préfère parler d'amour plutôt que de mort ? Et puis le *De rerum natura* n'est-il pas tout entier placé sous l'invocation de la *Venus-Voluptas*, qui « lance dans tous les cœurs les doux traits de l'amour, qui transmet le désir de perpétuer l'espèce », enfin sans laquelle « rien n'accède à la clarté divine, rien ne s'accomplit de joyeux ni d'aimable[1] » ? Ce serait donc le moment, après l'*Allegro maestoso* des hymnes à Vénus et à Épicure, après le *Larghetto* de l'art poétique et philosophique, après les deux *Presti furiosi* antireligieux, après l'*Adagio cantabile* du *Suave mari magno*, enfin après les douloureux *Andante* de l'angoisse et de la

1. Pour citer quelques vers du célébrissime « hymne à Vénus », I, 1-43 (cf. *supra*, p. 57).

mort, d'entonner l'*Allegro vivace* de l'amour… Ce n'est pourtant pas si simple. Parce qu'ici aussi Lucrèce est fidèle, en tant que philosophe, à Épicure. Mais là encore, en tant que poète, il insiste davantage sur ce qui fait mal. Je ne sais plus quel humoriste, voulant donner de ses nouvelles et constatant qu'il allait plutôt bien, disait : « Je n'ai mal nulle part, sauf quand j'appuie. » Lucrèce se plaît à appuyer. Toujours. Partout. Et surtout où ça fait mal. La légèreté n'est pas son fort, disais-je. La frivolité non plus. L'illusion non plus. Le bonheur non plus, peut-être. Aussi va-t-il parler d'amour gravement, lucidement, honnêtement. Faut-il s'étonner si la douleur, parfois, est au rendez-vous ?

Épicure, en bon hédoniste qu'il était, enseignait que le plaisir est le souverain bien. La sexualité ? C'est un désir naturel, dont la satisfaction, sans être absolument nécessaire, ne saurait non plus être globalement condamnée. C'est un excès d'atomes, chez l'homme comme chez la femme, qu'il s'agit d'évacuer[1] – l'équivalent à peu près, quoique en sens inverse (excès ou défaut d'atomes), de la faim ou de la soif. Pourquoi s'interdire le retour à l'équilibre, le plaisir en repos qui en résulte (en tout cas chez le sage) ou qu'il permet ? Pourquoi culpabiliser le plaisir en mouvement, particulièrement vif, qui l'accompagne[2] ? La physiologie prime, qui n'est que la physique du vivant. Tant mieux si l'affection *(philia)* s'y ajoute.

---

1. Voir Lucrèce, II, 437, et surtout IV, 1030-1057 et 1192-1277. Voir aussi le scholie de la *Lettre à Hérodote*, aux § 66-67.

2. Sur ces deux types de plaisir, en repos (« catastéma-

C'est de la joie ou du bonheur (du plaisir en mouvement ou en repos de l'âme) qui s'ajoute au plaisir du corps, et l'on ne va pas s'en plaindre ! D'ailleurs, chose rare à l'époque dans les écoles de philosophie, il y avait des femmes dans le Jardin d'Épicure, dont plusieurs, nous apprend Diogène Laërce, étaient d'anciennes hétaïres[1]. Il n'y a aucune raison d'imaginer qu'elles aient fait vœu, non plus que leurs amis, de chasteté. Tout plaisir est un bien, et le plaisir sexuel est l'un des plus forts, des plus faciles à obtenir, l'un aussi des plus difficiles à fuir ou à oublier, pour qui le refuse, enfin l'un des plus apaisants, s'il est vécu simplement. Pourquoi se le refuser ? Pourquoi le diaboliser ? Ce serait aussi absurde que l'adorer. Le sexe n'est pas Dieu, ni diable. Les Anciens, sur ce sujet, étaient plus simples que nous. Cela vaut en particulier pour les matérialistes, qui assument tranquillement leur animalité. Un épicurien n'est pas plus porté sur l'abstinence que sur la débauche. La nature est son guide, et elle indique assez clairement que l'orgasme, s'il est vécu sans illusions, est moins aliénant que la frustration. Hédonisme bien tempéré donc : Épicure est le contraire d'un libertin (« Estimons-nous heureux, disait-il à propos des relations sexuelles, si nous nous en tirons sans dommage[2] ! »), sans être pour autant castrateur ou pudibond. La sexualité fait partie

---

tique » ou constitutif) et en mouvement, voir M. Conche, *Épicure…*, p. 71 à 74. Sur le désir sexuel, voir, *ibid.*, les p. 65-66 et 68.

1. Diogène Laërce, X, 5-6. Voir aussi J. Salem, *Tel un dieu parmi les hommes (l'éthique d'Épicure)*, Paris, Vrin, 1989, p. 156-157.

2. Selon Diogène Laërce, X, 118. Le même auteur nous

des désirs naturels et non nécessaires, au même titre que les désirs gastronomiques, ludiques ou esthétiques[1] : on aurait tort de se l'interdire comme d'en devenir esclave.

Mais l'amour, considéré comme passion, c'est autre chose ! Quel amoureux qui ne soit esclave ? S'il vouait une espèce de culte à l'amitié, Épicure se méfiait de la passion amoureuse ; c'est qu'elle est cause, presque inévitablement, de soucis, d'angoisses, de servitude, d'aveuglement, d'illusions, de désillusions, de colères, de ressentiments, de malheurs… Misogynie ? Je ne crois pas. Misanthropie ? Nullement. Goût exagéré pour la solitude ? Encore moins. L'homme, certes, « n'est pas de nature sociable, ni de mœurs douces[2] ». Mais pas davantage il n'est fait pour l'isolement ou la sauvagerie[3]. C'est par quoi l'amitié est une vertu davantage qu'un instinct, et un plaisir

---

apprend (X, 27) qu'Épicure avait écrit un livre *Sur l'amour* (*Peri erôtos*), dont il n'est malheureusement rien resté mais que Lucrèce pouvait connaître. Certains commentateurs pensent que Lucrèce était plus sévère qu'Épicure sur l'amour-passion, et au contraire plus ouvert et tolérant en matière de sexualité. L'hypothèse semble fragile : voir à ce propos l'article très dense de K. Kleve, « Lucrèce, l'épicurisme et l'amour », dans les *Actes du VIIIe Congrès de l'Association Guillaume Budé*, Paris, Les Belles Lettres, 1969, p. 376-383, ainsi que les remarques de M. Conche, p. 65-67 de son édition d'Épicure.

1. Cf. Diogène Laërce, X, 6, ainsi que M. Conche, *ibid.*

2. Selon le témoignage de Themistius, *Orat.*, XXVI [Us., 551].

3. L'homme n'est pas *sociable*, mais il est *social* : « Nous sommes, par nature, des êtres sociaux » (*koinônikoi*, selon le témoignage d'Épictète, I, 23, 1). M. Conche, comme d'habitude, dit ici l'essentiel en quelques mots : *Lettres et maximes*, p. 64 et 178 (note 4).

plus encore qu'une vertu. Elle n'est pas seulement utile ; elle est « désirable par elle-même[1] », spécialement pour le sage[2], et indissociable du bonheur qu'elle célèbre et rend possible[3]. La sagesse d'Épicure, comme celle de Spinoza, est une sagesse de l'amour. Serait-elle sage autrement ? Reste à ne pas tout confondre. Il n'y a pas d'amour heureux, ni de bonheur sans amour. C'est donc que l'amour se dit en deux sens différents : il y a l'amitié *(philia, amicitia)*, désir naturel et nécessaire au bonheur[4], dans laquelle Épicure voyait, ce n'est pas rien, « le plus grand de tous les biens que la sagesse nous procure[5] » ; puis il y a la passion amoureuse *(érôs, amor)*, qui n'est ni naturelle ni nécessaire et qui rend tout bonheur, du moins dans la durée, impossible. Or, c'est le bonheur, d'abord, qu'il faut viser[6]. Renonçons donc à la passion, toujours douloureuse et mortifère, essayons de nous en libérer, si elle est là, de nous en protéger, si elle menace, et faisons l'amour avec plaisir, certes, avec amitié, c'est bien sûr préférable, mais sans amour, si l'on entend par ce mot la passion inquiète, possessive, illusoire et dévorante, qui nous rend tour

1. Épicure, *Sentences vaticanes*, 23.

2. Selon le témoignage de Sénèque, *Epist.* 9, 1 [Us., 174].

3. Épicure, *Sentences vaticanes,* 52. Sur l'amitié chez Épicure, voir le bel article de Francis Wolff, « L'homme heureux a-t-il des amis ? Figures entrecroisées de l'amitié chez Aristote et Épicure », in *L'Être, l'homme, le disciple*, Paris, PUF, 2000, p. 157 à 183.

4. Voir les remarques de M. Conche, p. 65 de son édition d'Épicure.

5. Maxime capitale XXVII.

6. Épicure, *Lettre à Ménécée*, 122.

à tour, voire simultanément, esclave et tyran. Le but est d'être libre[1]. Il serait fou d'y renoncer, fût-ce par amour.

Lucrèce, à sa façon, ne dit pas autre chose. Mais c'est cette *façon*, poétiquement, qui importe. Opposant le pur plaisir *(pura voluptas*[2]*)* à la passion impure (parce que toujours mêlée d'angoisse et de possessivité), Lucrèce fait une espèce d'apologie de la liberté sexuelle. Mais il est le contraire, lui aussi et plus encore qu'Épicure, d'un *baba cool* ou d'un libertin. Ne comptez pas sur lui pour égayer vos soirées érotiques ! Il est beaucoup plus inspiré – ou peut-être parle-t-il davantage d'expérience – lorsqu'il s'agit de décrire l'esclavage de la passion que lorsqu'il faudrait chanter le simple bonheur des amants libérés. La doctrine est une chose. La vie en est une autre. Quand Lucrèce parle d'amour, il est difficile de ne pas penser au vers d'Aragon, si joliment popularisé par Brassens, auquel je faisais un peu plus haut allusion : *« Il n'y a pas d'amour heureux. »* Lucrèce s'en explique au livre IV, presque entièrement consacré, ce n'est pas un hasard, aux simulacres, aux images, aux rêves et autres illusions des sens ou de l'âme. En l'occurrence, cela commence par un long passage consacré aux rêves nocturnes. Chacun, note Lucrèce, revit en dormant ce qui le passionne ou l'occupe pendant la journée : l'avocat rêve qu'il plaide, le général qu'il bataille,

1. Épicure, *Sentences vaticanes*, 77.
2. IV, 1075 et 1081.

Le marin qu'il se bat encor contre les vents,
Et moi que j'écris sur la nature des choses[1]*...*

La transition, qui va nous mener à l'amour, se fait par les rêves érotiques. Là encore, ce n'est pas un hasard. L'amour, pour Lucrèce, touche à l'imaginaire et au sexe : il naît à la croisée des deux. Et c'est l'imaginaire, dans cette conjonction, qui fait problème, point la pulsion. Lucrèce n'a rien contre la sexualité, bien au contraire. C'est à l'amour lui-même, comme passion, comme folie, qu'il s'en prend. Le texte, qui est superbe, en tout cas en latin, mérite d'être cité longuement. *Rubato espressivo* :

L'adolescent fougueux, dès que circule en lui
La semence mûrie en un jour dans son corps,
Voit en rêve venir de charmants simulacres,
Avec un beau visage et un teint éclatant,
Qui excitent l'endroit tout gorgé de semence :
Au point que bien souvent, rêvant à l'acte même,
Il répand la liqueur qui souille sa tunique.
Cette semence, c'est elle en nous qui s'agite,
Dès que notre croissance a mûri nos organes.
Mais toute excitation varie selon les êtres :
Seul un humain émeut en l'homme la semence.
Dès qu'elle abonde trop, venant de tout le corps,
Descendant à travers les membres, les organes,
Elle vient s'amasser en certains lieux sensibles,
Excitant aussitôt les parties génitales.
Les voilà stimulées, toutes gonflées de sève ;

1. IV, 968-969.

La volonté surgit d'en souiller qui l'on aime :
L'esprit vise le corps qui le blessa d'amour.
Car toujours nous tombons du côté de la plaie,
Notre sang vient tacher qui nous porta le coup,
C'est sur notre ennemi que coule le jet rouge...
Ainsi de l'homme atteint par les traits de Vénus
Que lui lance un garçon aux membres féminins
Ou une femme offrant l'amour par tout son corps :
Il tend vers qui le frappe, il brûle de le prendre,
D'évacuer dans son corps la liqueur née du sien ;
Car son désir muet appelle le plaisir.
Voilà ce qu'est Vénus, ce qu'on nomme l'amour,
Voilà quelle douceur en nos cœurs goutte à goutte
Vénus a distillée. Puis vient le froid, l'angoisse...
L'aimé est-il absent ? Son image partout
Est présente, son doux nom toujours nous obsède...
Nous ferions mieux de fuir très vite ces images,
De n'alimenter pas notre amour davantage,
De tourner notre esprit vers un quelque autre objet !
Le premier corps venu suffit à notre sève ;
Pourquoi la réserver pour un unique amour
Qui nous voue à tout coup au chagrin, aux soucis ?
À le nourrir, l'abcès se ravive et s'incruste.
La frénésie s'accroît, le mal devient plus grave,
Si de nouvelles plaies n'effacent la première,
Si tu ne dévies pas les élans de ton cœur,
Si tu ne viens trouver au hasard des rencontres,
Pour te soigner errant, la Vénus vagabonde !
Car éviter l'amour, ce n'est pas se priver
Des plaisirs de Vénus ; c'est en jouir sans rançon.
Le plaisir est plus pur chez les amants sereins
Que chez ces malheureux dont l'ardeur passionnée
Erre et flotte indécise au seuil même d'aimer.

Par quoi jouir d'abord ? Par les yeux ? Par les mains ?
Ils étreignent leur proie, la griffent, lui font mal ;
Morsures et baisers lui meurtrissent les lèvres !
C'est que la volupté chez ceux-là n'est pas pure ;
Des aiguillons secrets les pressent de blesser
Qui fait surgir en eux ces germes de fureur.
La douceur de Vénus, au plus fort de l'amour,
Vient freiner ces élans ; voilà que le plaisir
Entre eux se fait caresse, apaise les morsures.
L'amour espère un temps éteindre dans sa cause
Le feu qui le consume ; il n'en est rien, jamais ;
Car la nature même impose le contraire.
C'est bien l'unique cas où plus nous possédons
Plus notre cœur s'embrase en des désirs furieux.
Aliments et boissons pénètrent notre corps,
Viennent le remplir tout, organe après organe.
Ainsi la faim, la soif s'apaisent aisément.
Mais du plus beau visage et du teint le plus frais
Rien ne pénètre en nous dont nous puissions jouir,
Sinon, mais si ténus, de vagues simulacres,
Comme autant d'espoirs vains que seul le vent [emporte...
On dirait un dormeur qui rêve qu'il a soif
Et ne trouve pas d'eau pour éteindre ce feu.
Une rivière ? Il court. Ce n'était qu'un mirage...
Il meurt de soif au fond du torrent où il boit !
Ainsi sont les amants ivres de simulacres :
La vue de l'être aimé ne peut les rassasier,
Leurs mains rien arracher de ces membres graciles ;
Ils errent incertains sur le corps tout entier.
Enfin ils vont cueillir la fleur de la jeunesse ;
Ils sentent dans leurs corps la volupté qui monte ;
Vénus va féconder le sillon de la femme ;

Leurs deux corps vont se fondre, ils mêlent leurs salives,
Ils s'aspirent l'un l'autre, ils se boivent, se mordent...
En vain ! Leur corps ne peut absorber l'autre corps,
Non plus qu'y pénétrer et s'y fondre en entier.
C'est pourtant, dirait-on, le but de leur combat,
Tant ils sont enchaînés par les liens de Vénus,
Tant ils se liquéfient aux spasmes du plaisir !
Enfin, quand le désir explose, il se détend ;
Après tant de violence un court répit s'installe ;
Puis un nouvel accès de fureur les reprend :
C'est qu'ils ne savent pas eux-mêmes ce qu'ils veulent ;
Ils ne peuvent trouver de remède à leur mal,
Ils ignorent la plaie secrète qui les ronge.
Ce n'est pas tout : ils se consument à la peine ;
Toute leur vie dépend des caprices d'un autre ;
Leur bien part en fumées, en tapis, en cadeaux ;
Ils oublient leurs devoirs, trahissent leur honneur.
À leurs pieds parfumés brillent des escarpins,
Leurs doigts scintillent d'or, de diamants, d'émeraudes,
La pourpre sur leur corps boit la sueur de Vénus.
L'argent qu'ont amassé leurs parents part en robes,
En bandeaux, en tissus d'Élide ou de Céos.
Ce ne sont que festins, que fêtes raffinées,
Coupes toujours remplies, parfums, bijoux,
[guirlandes...
Vains efforts ! De la source même des plaisirs
Quelque chose d'amer surgit comme une angoisse
Qui jusque dans les fleurs prend l'amant à la gorge[1]. »

1. IV, 1030-1134. Le dernier vers vient tout droit de la traduction, ici particulièrement heureuse, d'Alfred Ernout.

Quel plus beau texte, dans toute l'Antiquité, sur le coït ? Quel plus sévère, sur l'amour ?

Il est révélateur, je le notais en passant, que Lucrèce aborde l'étude de l'amour par le rêve érotique et les pollutions nocturnes. Cela résume sa théorie : l'amour est un rêve du désir, la rencontre en nous des simulacres (la vision, l'imagination, le rêve) et de la physiologie (la « semence »), disons de l'imaginaire et de la pulsion. C'est pourquoi il ne va guère sans illusions, du moins dans ses formes passionnées :

C'est le défaut de ceux qu'aveugle la passion :
Ils voient en leur aimée plus d'attraits qu'elle n'a[1].

Et Lucrèce, en un passage dont se souviendra Molière, de s'en donner à cœur joie. Je ne résiste pas au plaisir d'en emprunter la traduction, car c'en est une, ou presque, au *Misanthrope* :

L'amour, pour l'ordinaire, est peu fait à ces lois,
Et l'on voit les amants vanter toujours leur choix :
Jamais leur passion n'y voit rien de blâmable,
Et dans l'objet aimé, tout leur devient aimable ;
Ils comptent les défauts pour des perfections,
Et savent y donner de favorables noms.
La pâle est aux jasmins, en blancheur, comparable ;
La noire à faire peur, une brune adorable ;
La maigre a de la taille et de la liberté ;
La grasse est, dans son port, pleine de majesté ;
La malpropre sur soi, de peu d'attraits chargée,

1. IV, 1153-1154.

Est mise sous le nom de beauté négligée ;
La géante paraît une déesse aux yeux ;
La naine, un abrégé des merveilles des cieux ;
L'orgueilleuse a le cœur digne d'une couronne ;
La fourbe a de l'esprit ; la sotte est toute bonne ;
La trop grande parleuse est d'agréable humeur ;
Et la muette garde une honnête pudeur.
C'est ainsi qu'un amant, dont l'ardeur est extrême,
Aime jusqu'aux défauts des personnes qu'il aime[1].

Cette critique de l'amour-passion, de ses angoisses et de ses illusions, cette apologie du plaisir pur et serein, de l'amour joyeux et libre, ce sont, là encore, des thèmes traditionnels de l'épicurisme. On aurait tort d'y voir je ne sais quel machisme archaïque. Lorsque Lucrèce parle de « semence », cela vaut, d'autres

1. Molière, *Le Misanthrope*, II, 5. Molière passe pour avoir traduit en vers la totalité du *De rerum natura* (cela en dit long sur Molière, et sur Lucrèce). Il n'est malheureusement rien resté de cette traduction, sinon ces quelques vers, qui en viennent peut-être. Pour qui voudrait mesurer les emprunts et les libertés de Molière, voici la traduction que donne Ernout des vers 1153-1170 du livre IV de Lucrèce : « C'est le défaut le plus fréquent chez tous les hommes aveuglés par la passion, d'attribuer à celles qu'ils aiment des mérites qu'elles n'ont pas. Aussi voyons-nous des femmes laides et repoussantes de tout point être adorées et traitées avec les plus grands honneurs. [...] Une peau noire a la couleur du miel ; une femme malpropre et puante est une beauté négligée ; a-t-elle les yeux verts, c'est une autre Pallas ; est-elle toute de cordes et de bois, c'est une gazelle ; une naine, une sorte de pygmée, est l'une des Grâces, un pur grain de sel ; une géante colossale est une merveille pleine de majesté. La bègue, qui ne sait dire mot, gazouille ; la muette est pleine de modestie... Mais je serais trop long si je voulais tout dire. »

textes le disent expressément, pour les deux sexes[1]. Et le plaisir sexuel, pour lui comme pour Épicure, peut et doit être partagé :

Elle ne gémit pas toujours d'un amour feint,
Cette femme qui joint son corps au corps de l'homme,
Mouillant de ses baisers ses lèvres qu'elle aspire.
Elle est souvent sincère et veut que le plaisir
Les mène tous les deux jusqu'au bout de l'amour.
Les femelles sinon, chez les oiseaux, les fauves,
Le bétail, ne pourraient se soumettre à leurs mâles,
Sans la chaleur du rut en elles qui les brûle,
Sans le plaisir reçu de ceux qu'elles font jouir.
Vois quelle volupté mutuelle les enchaîne,
Jusqu'à les torturer dans leurs chaînes communes !
Souvent, aux carrefours, voulant se séparer,
Deux chiens avec ardeur tirent en sens contraire
Sans pouvoir s'échapper des filets de Vénus.
Pourquoi s'uniraient-ils, si des plaisirs si forts
Ne servaient pour eux deux et d'appât et de piège ?
Le plaisir, j'y insiste, est donc bien partagé [2].

1. Voir spécialement les vers 1208 et suivants, selon lesquels (mais c'est là un thème hippocratique avant d'être épicurien) l'ordre d'émission des deux semences ferait ressembler l'enfant, en cas de fécondation, à celui des deux parents qui aurait devancé l'autre : « S'il arrive que, lors du mélange des deux semences, la femme, dans un élan d'énergie soudaine, triomphe de l'énergie de l'homme, qu'elle surprend et devance, les enfants, issus dans ce cas de la semence maternelle, naissent semblables à leur mère ; comme ils ressemblent à leur père si l'élément paternel domine » (trad. Ernout).

2. IV, 1192-1207.

Les épicuriens n'avaient rien contre les femmes ; mais beaucoup contre l'amour. Ils appréciaient trop le plaisir et l'amitié pour ne pas se méfier de la passion. Cela laisse toute sa place au couple, me semble-t-il, donc aussi à l'amour, s'il sait renoncer aux mirages et aux ravages de la possession, ou leur survivre. S'adressant à son ami Memmius, à qui il dédie son poème, Lucrèce évoque « le plaisir que j'attends de ta douce amitié » *(sperata voluptas suauis amicitiae*[1]*)*. Il n'y a pas lieu d'y chercher je ne sais quelle liaison homosexuelle, ni d'ailleurs de l'exclure. Mais cela dit quelque chose de l'amour, me semble-t-il, et du couple, lorsqu'il est heureux. Il n'y a pas que la passion ou le sexe. Il n'y a pas que la Vénus esclave ou vagabonde. Après avoir évoqué longuement la violence et les illusions de l'amour, Lucrèce termine, ce sont les derniers vers du chant IV, par l'évocation d'un autre amour, plus lucide, plus doux, plus durable, qui laisse au moins une chance au bonheur à deux. Un miracle ? Aucunement : les dieux n'y sont pour rien. La beauté même n'y est pas pour grand-chose. La réalité du comportement, le caractère des deux amants et amis, leur affection mutuelle, leur savoir-faire, leur savoir-vivre, enfin les plaisirs de la vie commune importent davantage. Même l'habitude, si souvent mortelle à la passion, devient ici comme une chance supplémentaire :

Sans le secours des dieux, sans les traits de Vénus,
Même une femme laide est aimable ou peut l'être.

1. I, 140-141.

Tout son comportement, son plaisant caractère,
Les soins attentionnés qu'elle donne à son corps,
Font naître en toi le goût de partager sa vie.
Au reste l'habitude est propice à l'amour ;
Car les plus légers chocs, répétés sans relâche,
Triomphent doucement de toute résistance.
Ainsi les gouttes d'eau qui tombent sur la pierre,
Finissent par percer le plus dur des rochers[1].

Le livre IV s'arrête là, sur une note, somme toute, plutôt heureuse ou apaisée. Cela rejoint une nouvelle fois l'enseignement d'Épicure : « Le sage se mariera, disait-il, et aura des enfants[2]… » Le moins que l'on puisse dire, c'est pourtant que Lucrèce, sur ce bonheur possible à deux, sur cette douceur de l'habitude ou du couple, passe rapidement… Comme il était plus inspiré dans la satire ou le drame ! D'ailleurs, ces derniers vers, bien peu de ses lecteurs s'en souviennent (les commentateurs, lorsqu'ils les citent, ne s'y attardent guère[3]), quand nul n'oublie ceux, tellement plus nombreux, tellement plus forts, qu'il consacre à la folle et destructrice passion des amants. Sur le couple heureux, j'aimerais qu'il en dise davantage – mais

1. IV, 1278-1287.

2. Diogène Laërce, X, 119 (trad. J. Brunschwig et P. Pellegrin, dans *Les Philosophes hellénistiques*, éd. A. Long et D. Sedley, Paris, Flammarion, coll. « G.-F. », 2001, t. 1, chap. 22, p. 269 ; les éditions Genaille et Solovine sont ici fautives).

3. Michel Onfray fait exception, qui termine par là le chapitre enflammé qu'il consacre à Lucrèce, dans sa *Contre-histoire de la philosophie* (t. 1, chap. XIII). Il y voit l'éloge de ce qu'il appelle joliment (ces expressions ne sont pas chez Lucrèce) une « amitié amoureuse » et un « couple ataraxique » (*op. cit.*, p. 294).

l'époque, sans doute, s'y prêtait peu. Sur la passion, en revanche, j'admire comme il a su trouver, sur un thème du très sage Épicure, des accents qui n'appartiennent qu'à lui, et comme ils sont tourmentés, rauques, déchirants parfois, comme mêlant toujours la douleur au plaisir et l'angoisse à l'amour… On pense à l'une de ses formules : connaît-il, lui, « la plaie secrète qui le ronge » ? Quel chagrin veut-il apaiser en le chantant ? Quelle angoisse veut-il noyer dans l'épicurisme ? Quel échec oublier ou surmonter ? On ne peut le savoir, et c'est bien ainsi ; on ne sait de Lucrèce que la beauté du chant.

VII
Les principes

Nulla rem e nihilo gigni diuinitus umquam.
Lucrèce, I, 150
(« Rien n'est jamais créé divinement de rien »).

Je n'ai pas encore parlé, ou très peu, de la physique épicurienne, donc aussi lucrétienne. C'était pourtant, pour notre poète, l'essentiel, en tout cas ce à quoi il consacre les plus longs développements, les plus techniques, et par quoi il commence. Je ne me suis pas cru tenu d'en faire autant. Ce n'est pas un traité que j'écris, ni un manuel : je me promène librement, poétiquement si je peux, dans une œuvre, et c'est une œuvre de poète autant que de philosophe, et qui se veut libératrice. Ce serait trahir sa meilleure part, la moins dogmatique, que d'en rester prisonnier. Puis il ne s'agit plus, aujourd'hui, d'être épicurien, ni lucrétien. Il s'agit de comprendre, d'aimer, d'admirer, et il n'y a pour cela ni ordre ni parcours obligés.

Reste, toutefois, à comprendre l'ordre de Lucrèce. Car lui, qui écrit à la fois un traité et un manuel, en suit un, qui est réfléchi et significatif.

Que le *De rerum natura* commence par la physique (les deux premier livres lui sont intégralement consacrés), ce n'est bien sûr pas un hasard. Lucrèce veut parler de tout *(omne quod est*[1]*)*, et le Tout, pour lui comme pour Épicure (*to pan, summarum summa* : la somme des sommes, l'ensemble de tous les ensembles[2]), c'est la nature. L'épicurisme est un naturalisme, donc aussi un physicalisme (les deux mots, en grec, seraient indiscernables). Si la nature *(phusis)* est le tout, tout est naturel. La physique est la science fondamentale : tout le reste en fait partie, en droit, ou en découle, en fait.

C'est donc un *Traité de la nature* que Lucrèce entreprend à son tour (Épicure avait rédigé un *Peri phuseôs*, *Sur la nature*, en 37 livres, que Lucrèce pouvait connaître), et tel est bien ce qu'annonce son titre : *De rerum natura, De la nature des choses*, qu'on traduit le plus souvent par *De la Nature.* Ce n'est pas une trahison, ni une obligation, puisqu'il n'y a rien d'autre, dans la nature, que des *choses* (des êtres matériels précisera Lucrèce) et ce qui leur arrive (des événements), ni rien, dans ces choses et ces événements, qui ne soit *naturel*. C'est l'un des enjeux essentiels du *De rerum* : montrer que tout est naturel, que la nature est tout en tout, enfin, et surtout, et par là même, que *le surnaturel n'existe pas*. Tel est le secret de Lucrèce, sa bonne nouvelle libératrice, par

1. I, 958 (« le tout de ce qui est »).

2. Épicure, *Lettre à Hérodote*, 39-41 ; Lucrèce, III, 816 et V, 361. Voir aussi VI, 679 : *summam summai totius omnem* (« la somme totale de toutes les sommes »).

quoi il est un précurseur des Lumières, ou plutôt, et dès l'Antiquité, un de leurs sommets. Naturalisme et rationalisme vont ensemble (c'est toujours le *naturae species ratioque*, l'unité rationnelle de tout, qui revient, chez Lucrèce, comme un *leitmotiv*[1]), et cet ensemble est la nature elle-même, aussi bien en extension *(summa summarum)* qu'en compréhension *(natura rerum)*. N'ayez pas peur : tout est naturel, tout est rationnel, et il n'y a rien d'autre que tout ! Naturalisme, rationalisme, immanentisme. C'est refuser trois fois l'idéalisme ou la religion – comme croyance au surnaturel, à l'irrationnel, à la transcendance. *Summa summarum* et *natura rerum* sont une seule et même chose, qui n'est pas une chose (une totalité unifiée) mais la somme intotalisable – puisqu'elle est infinie et aléatoire – de toutes les choses, et d'ailleurs aussi de tous les événements. La nature est le tout, et l'essence de tout.

Les épicuriens n'en distinguaient pas moins trois parties dans leur système : la *physique*, qui dit ce qui est, la *canonique*, qui dit comment connaître (elle tient lieu de logique, de méthode et de théorie de la connaissance), enfin l'*éthique*, qui dit comment vivre. La troisième est la plus précieuse, la plus utile, puisque les deux autres ne sont utiles que pour elle. Mais la première est la plus fondamentale, puisqu'elle inclut, au moins en droit, les deux autres (il n'y a de connaissance et d'éthique que *dans* la nature).

1. I, 148, II, 61, III, 93, et VI, 41. Voir *supra*, p. 81-83 et note 1.

Primauté de l'éthique, dirais-je dans mon langage, mais primat de la physique. Un épicurien ne cherche pas la connaissance pour la connaissance. Ce n'est pas la vérité qu'il aime ; c'est le plaisir. Aussi cherche-t-il avant tout la sérénité, la sagesse, le bonheur, qui sont les plaisirs les plus grands. Mais c'est ce qu'on ne saurait atteindre, enseignait Épicure, sans la connaissance de la nature. Aucun pragmatisme ici : ce n'est pas parce qu'elle est utile que la physique est vraie ; c'est parce qu'elle est vraie qu'elle peut être utile. C'est le plaisir qui est bon ; mais c'est la vérité qui libère. Lucrèce, qui s'attarde peu sur l'éthique ou la canonique, reste en cela fidèle à son maître : c'est à la physique qu'il consacre ses plus longs développements. Cela n'annule pas la primauté de l'éthique, mais en découle. Comment serait-il heureux, celui qui craint les dieux, les enfers, les présages, le destin ? Toute superstition est effrayante, aliénante, mortifère. Or le contraire de la superstition, qui imagine ce qui n'est pas, c'est la connaissance de ce qui est ; c'est pourquoi, disait Épicure, « il n'est pas possible, sans la science de la nature, d'avoir des plaisirs purs[1] ».

Que cette « science de la nature » n'ait rien de *scientifique*, au sens moderne du mot, c'est une évidence. Il s'agit de métaphysique, proprement. Le cas, dans l'Antiquité, est banal : on pourrait en dire autant de la physique de Platon, d'Aristote ou des stoïciens. Mais que cette métaphysique se réduise à une physique, autrement dit à une connaissance de la nature matérielle – à l'exclusion de toute théologie, de tout

1. *Maximes capitales*, XII.

idéalisme, de tout spiritualisme –, voilà qui est plus rare. C'est une métaphysique qui ne prétend pas aller au-delà de la physique, malgré l'étymologie hasardeuse du mot, et c'est ce qui fait de l'épicurisme (même si les Anciens n'utilisent jamais ce terme, qui n'apparaîtra qu'au XVIIe siècle) un *matérialisme*. Celui d'Épicure est l'un des plus radicaux – avec celui de Démocrite, qu'il prolonge et transforme – de toute l'Antiquité. Il faudra attendre le XVIIIe siècle, et encore, pour trouver quelque chose d'approchant.

Les stoïciens ? Ils sont matérialistes en un sens, ou *corporalistes* (il n'existe, selon eux, que des corps), mais aussi vitalistes, finalistes, panthéistes, en un mot religieux. Le monde est leur Dieu ; le destin, leur providence. Rien de tel chez Épicure, encore moins chez Lucrèce ! La vie n'est qu'un accident de la matière inanimée ; le monde, qu'un amas, provisoirement organisé, d'atomes ; et il n'y a ni finalité (sinon par le désir, qui est cause efficiente[1]), ni destin, ni providence.

Spinoza ? Il n'est pas matérialiste : la pensée existe pour lui au même titre que l'étendue, qui ne saurait la produire ; la Nature est « chose pensante »[2], ce par

1. Cf. IV, 843-857 (juste après le passage contre les causes finales, et par différence avec lui : *At contra,* écrit Lucrèce, « en revanche » ou « par contre » ; mais cela même s'explique d'atomistique façon, sans le moindre finalisme : *ibid.*, 858-906).

2. *Éthique*, II, prop. 1, dém. et scolie. La nature ou Dieu sont aussi « une chose étendue » (*ibid.*, prop. 2). Mais ce qu'on appelle le parallélisme des attributs (voir, *ibid.*, les prop. 5 à 7) interdit d'expliquer la pensée par l'étendue, comme le voudrait le matérialisme, tout autant d'ailleurs que de soumettre l'étendue à la

quoi elle garde quelque chose – malgré l'immanence et l'antifinalisme – de l'idée traditionnelle de Dieu. Rien de tel, là encore, chez Épicure, ni chez Lucrèce. Les idées n'existent que pour un corps vivant, et par lui : elles sont le produit en nous de l'esprit, lequel n'est lui-même qu'une partie du corps. Or la nature, si elle est bien matérielle, n'est pas un corps (elle n'est que l'ensemble inorganisé de tous les corps, organisés ou pas), encore moins un corps vivant : elle n'a ni âme *(anima)* ni esprit *(animus)*, ni sensibilité ni intelligence, et pas plus d'idées que de désirs. Comment pourrait-elle penser ? Comment pourrait-elle vouloir ? Matérialisme strict, donc, ce qui exclut tout vitalisme et tout panthéisme : la nature produit la vie, mais ne vit pas ; elle est pensable (rationnelle), mais ne pense pas ; c'est par quoi elle n'est pas Dieu.

Ce matérialisme est en l'occurrence un atomisme. Pointons-en rapidement, chez Lucrèce, les principes fondamentaux, tels qu'ils apparaissent, en bonne logique, au livre I du *De rerum natura*, juste après l'invocation à Vénus, l'éloge d'Épicure et la dénonciation des crimes de la religion.

---

pensée, comme le voudrait l'idéalisme (voir les scolies des prop. 7 du livre II et 2 du livre III) : les attributs ne sont dits parallèles que parce qu'ils sont en réalité confondus – par quoi Spinoza est l'un des rares philosophes à n'être, en toute rigueur, ni matérialiste ni idéaliste. Cela ne l'empêchera pas de se sentir plus proche (sans doute à cause du naturalisme et de l'antifinalisme) de Démocrite, Épicure et Lucrèce que de Platon et Aristote : il le dit très clairement dans sa Lettre 56, à Hugo Boxel (éd. Appuhn, Paris, Flammarion, coll. « G.-F. », t. IV, p. 300).

Le premier de ces principes est comme le socle de granit de la doctrine, par quoi il convenait en effet de commencer – pour dire que rien, jamais, ne commence absolument. C'est un principe à la fois logique (il tient lieu de ce que Leibniz appellera le principe de raison suffisante), ontologique (toute raison d'être, pour Lucrèce, est un être), et physique (c'est la version épicurienne du principe de causalité, étant entendu que toute cause, pour un épicurien, est matérielle). Mais, chez Lucrèce, c'est aussi, et peut-être surtout, un principe polémique, qui prend le contrepied de la religion :

Il faut poser d'abord notre premier principe :
Rien n'est jamais créé divinement de rien[1].

Le principe, pour initial qu'il se veuille et qu'il soit, n'est aucunement un axiome, qui serait posé de

---

1. I, 149-150. Le même principe se trouvait bien sûr chez Épicure, mais de façon moins explicitement antireligieuse : *Lettre à Hérodote*, 38. Aristote y voyait « une conception qui est commune à presque tous les philosophes de la nature » (*Métaphysique*, K 6, 1062 b 24-26). De fait, il était présent chez la plupart des Présocratiques, par exemple chez Empédocle : « Il n'est point de naissance d'aucun être mortel, et point non plus de fin dans la mort funeste ; il y a seulement un effet de mélange et de séparation de ce qui fut mêlé : naissance n'est qu'un mot qui a cours chez les hommes » (fragment 8, *Les Présocratiques*, Gallimard, coll. « Bibliothèque de la Pléiade », 1988, p. 376). On le trouve aussi, du temps de Socrate, chez Démocrite : « Rien ne saurait être engendré à partir du non-être, et rien ne saurait, en se corrompant, retourner au non-être » (Diogène Laërce, IX, 44, DK 68 A 1, *Les Présocratiques*, *op. cit.*, p. 750). L'accentuation antireligieuse, en revanche, semble spécifiquement lucrétienne.

façon arbitraire, conventionnelle ou *a priori*. Lucrèce, dès qu'il l'a énoncé, le justifie (ou en justifie l'importance), par sa fonction, avant d'en démontrer la vérité en s'appuyant, comme il convient pour un épicurien, sur l'expérience.

La justification est clairement antireligieuse. Poser un tel principe, c'est jouer la nature des choses contre la volonté des dieux, l'explication contre l'interprétation, le réel contre le sens, la connaissance contre la superstition, la vérité contre la peur :

Car si la crainte écrase ainsi tous les mortels,
C'est qu'ils voient tant de faits sur terre et dans le ciel
Dont ils ne peuvent pas apercevoir les causes,
Et qu'ils attribuent donc à la force des dieux.
Dès que nous aurons vu que rien ne naît de rien,
Nous pourrons mieux cerner l'objet de nos recherches,
Montrer de quoi chaque être est issu, et comment
Tout s'accomplit toujours sans l'aide d'aucun dieu[1].

Après la justification, qui est polémique, la démonstration, qui est à la fois rationnelle et empirique. Lucrèce entreprend en effet de démontrer la validité du principe, comme faisait déjà Épicure, en réfutant sa contradictoire. C'est une forme, très fréquente dans l'épicurisme, de raisonnement par l'absurde : il s'agit de démontrer la vérité d'une proposition en montrant l'évidente fausseté (en l'occurrence parce qu'elle est démentie par l'expérience) de l'une au moins des conséquences de sa contradictoire. Lucrèce y consacre

1. I, 151-158.

la suite de notre texte, qu'on ne peut citer en entier. Si quelque chose naissait de rien, explique-t-il, tout pourrait naître de tout (un homme pourrait naître de l'océan, une cerise d'un pommier, etc.), ce que l'expérience suffit à réfuter. C'était reprendre et corriger ce que j'appellerais volontiers le *principe de raison matérielle*, tel qu'on le trouvait déjà chez Leucippe : « Aucune chose ne se fait n'importe comment, mais toutes se font par une raison et sous l'effet d'une nécessité[1] ». Lucrèce, qui ne croit qu'en des nécessités partielles, j'y reviendrai, dirait plutôt : Aucune chose ne se fait à partir de rien ou de n'importe quoi, mais toutes se font par une raison et à partir d'éléments matériels spécifiques. La conclusion annonce déjà l'atomisme. Si quelque chose pouvait naître de rien, vient de dire Lucrèce, les corps n'auraient pas besoin de temps pour s'accroître : de tout petits enfants se changeraient soudain en adultes, de grands arbres surgiraient tout à coup de la terre. C'est ce que l'expérience suffit à réfuter :

Rien de tel ne se voit : tout s'accroît peu à peu,
Comme il faut, à partir de germes spécifiques,
Et maintient en croissant les traits de son espèce.
Chaque être se nourrit d'une matière propre :
La terre ne pourrait, sans les pluies du printemps,
Produire tous ces fruits que nous aimons manger,
Comme les animaux, privés de nourriture,
Ne peuvent maintenir leur vie ni leur espèce.

---

1. C'est le seul fragment de Leucippe qui nous soit parvenu, cité en l'occurrence par Aétius, *Opinions*, I, 25, 4 [DK 67 2] ; *Les Présocratiques*, *op. cit.*, p. 746.

Conçois plutôt maints corps constituant maintes choses,
Comme les lettres sont les éléments des mots,
Plutôt qu'un composé sans principes premiers[1].

Rien, donc, ne naît de rien : tout ce qui naît (c'est-à-dire tout, sauf les atomes et le vide) résulte de la composition d'éléments préalables, qui ne naissent pas. Le devenir s'explique par de l'immuable, le temps par de l'éternel, l'histoire par la nature.

Et tout ce qui meurt ou se dissout, pareillement, se décompose dans ces mêmes éléments, qui sont immortels (puisqu'ils ne vivent pas) et insécables (telle est l'étymologie en grec du mot *atomos*, que Lucrèce n'utilise pas, ni aucun décalque latin). C'est le second principe, lui aussi justifié, mais je ne veux pas m'y attarder, par l'absurde et à partir de l'expérience :

Rien ne s'anéantit ; toute chose retourne,
Par division, aux corps premiers de la matière[2].

Ces deux principes, évidemment complémentaires, annoncent, avec dix-neuf siècles d'avance, la fameuse formule de Lavoisier : « Rien ne se perd ; rien ne se crée ; tout se transforme. » Sauf que, précisément, chez les atomistes de l'Antiquité, tout ne se transforme pas : les atomes et le vide, qui sont les composants ultimes de la nature, sont l'un et l'autre immuables. Si rien ne se perd, si rien ne se crée, ce

1. I, 188-198.
2. I, 215-264 (248-249 pour les deux vers cités).

n'est pas parce que tout se transforme ; c'est parce que la matière et le vide sont éternels. C'est l'une des différences, parmi tant d'autres, entre l'atomisme des Anciens et celui de nos physiciens. L'épicurisme (même s'il suppose aussi, nous le verrons, un dynamisme) est essentiellement un mécanisme, au sens étroit du terme : les transformations que nous constatons dans la nature résultent des mouvements, dans le vide immobile, d'atomes immuables.

On ne doit donc pas dire, à strictement parler, que tout, pour les épicuriens, est matière. Ce serait oublier que le vide existe aussi. La vérité atomistique, c'est que tout est matière *ou* vide (pour les constituants fondamentaux de la nature), matière *et* vide (pour les corps composés). L'atomisme opère ici, depuis Leucippe ou Démocrite, comme une rectification de l'ontologie éléatique, qui la subvertit presque toute. « L'être est, le non-être n'est pas », telle était la thèse fondamentale de Parménide, qui rendait le devenir, du moins selon l'interprétation traditionnelle, à peu près impensable. S'il n'y a que l'être, rien ne peut le changer, pas plus qu'il ne peut se changer en quoi que ce soit : le voilà « tout entier ensemble, un, continu », immobile et immuable[1]. À quoi les atomistes, confrontés à l'évidence du changement, opposaient et l'existence du

1. Parménide, fragment 8 (trad. M. Conche, Paris, PUF, 1996, p. 127-128 ; *Les Présocratiques*, *op. cit.*, p. 261-262). Sur le passage à l'atomisme, chez Leucippe et Démocrite, voir Aristote, *Métaphysique*, A, 4, 985 b 4-21 et *De la génération et de la corruption*, I, 8, 325 a 1 – 325 b 5. Voir aussi F. Wolff, *L'Être, l'homme, le disciple*, *op. cit.*, chap. I.

vide et la multiplicité des êtres. Leucippe et Démocrite pulvérisent l'Être parménidien, dont ils gardent pourtant certaines caractéristiques. L'être est, certes, et il est bien « continu et immuable », mais aussi multiple et mobile ; c'est ce qu'on peut appeler les atomes. Et le non-être *est* aussi : c'est ce qu'on appelle le vide. L'atomisme est né, qui veut expliquer le monde visible, complexe et changeant, par de l'invisible simple et invariable : tout ce qui se voit et qui change (les corps composés) est constitué d'éléments invisibles et immuables (les atomes et le vide). Lucrèce en construit patiemment la démonstration[1]. Qu'on me pardonne de n'en traduire ici qu'un moment, qui fait comme une conclusion provisoire :

Donc, la nature tout entière se compose
De deux choses : il y a les corps et le vide,
Dans lequel tous les corps se situent et se meuvent.
Que les corps soient, nos sens suffisamment [l'attestent ;
Si nous ne fondons pas sur eux notre confiance,
Nous ne pourrons jamais, concernant l'invisible,
Prouver quoi que ce soit par la seule raison.
Quant à l'espace ou lieu que nous nommons le vide,
Si lui n'existait pas, les corps ne pourraient être

1. I, 265-634. J'ai signalé déjà que Lucrèce n'utilise jamais le mot *atomus* (qu'on trouve pourtant chez Cicéron) : il parle de corps premiers, de corps invisibles, de principes, d'éléments, de corpuscules, de germes… La plupart des traducteurs s'autorisent pourtant le mot « atome », aussi banal en français moderne qu'il était rare en latin, et qui permet d'éviter bien des périphrases lourdes et répétitives. J'ai suivi leur exemple.

Nulle part, ni bouger jamais en aucun sens.
Je l'ai montré déjà, plus haut dans ce poème.
Et il n'y a rien d'autre, aucun être qui soit
Séparé de tout corps, éloigné de tout vide,
Qui constituerait comme une troisième essence.
Pour exister, il faut être en soi quelque chose.
Est-ce un être tangible ? Aussi petit soit-il,
Il viendra s'ajouter, quelle que soit sa masse,
Au nombre entier des corps, dont il fait donc partie.
S'il échappe au toucher, s'il ne peut résister
D'aucun de ses côtés aux corps qui le traversent,
Il est ce lieu vacant que nous nommons le vide.
Pour tout être réel, exister c'est agir
Ou subir les effets d'autres êtres actifs ;
Ou bien c'est laisser faire en soi ce qui advient.
Être actif ou passif, c'est le propre des corps ;
Être le lieu de tout, c'est le propre du vide.
Donc en dehors du vide et des corps, il n'est point,
Dans les êtres réels, de troisième entité
Que nous puissions un jour percevoir par les sens
Ou rationnellement saisir par notre esprit[1].

Cela fait, dans le champ du réel, comme une disjonction à la fois exclusive (au niveau atomique), inclusive (au niveau macroscopique) et exhaustive : tout est corps ou vide (pour les substances simples), corps et vide (pour les êtres composés), et il n'y a rien d'autre. Les idées ? Elles n'existent, grâce aux atomes de notre esprit, qu'en celui qui les pense. Les dieux ? Ce ne sont qu'atomes et vides, qui échappent

1. I, 419-448.

à la mort sans doute, point à la finitude ni à la matérialité. La morale ? Ce n'est qu'un fruit de la civilisation, de la compassion et de l'amour, qu'une invention, d'ailleurs précieuse, des humains[1]. Le droit, la justice ? Ce n'est qu'un contrat mutuellement avantageux, qu'un rempart, d'ailleurs nécessaire, contre la violence[2]. Le temps ? Il n'existe pas en soi, ni par soi. Il n'est pas une substance, ni même un être à proprement parler :

Le temps n'existe pas par lui-même ; il résulte
Du sentiment en nous de ce qui fut jadis,
De ce qui est présent, de ce qui va venir,
Et personne jamais n'a pu le séparer
Du mouvement des corps ou de leur doux repos[3].

Matérialisme radical, donc : il n'y a que des corps innombrables dans le vide infini, et rien d'autre. Cela ne signifie évidemment pas que la pensée n'est rien ou n'a pas d'importance (la pensée d'Épicure a changé, aux yeux de Lucrèce, l'histoire de l'humanité), ni qu'il n'y a pas de valeurs morales, éthiques

---

1. V, 1011-1027. J'y reviendrai dans mon chapitre IX.

2. V, 1136-1160. Voir aussi Épicure, *Maximes capitales*, XXXI à XXXVIII. Signalons, sur ces questions, le commentaire extrêmement savant et pénétrant de Victor Goldschmidt, *La Doctrine d'Épicure et le droit*, Paris, Vrin, 2000.

3. I, 459-463. Comme le note Alain Gigandet, dans son introduction à *De la nature des choses* (trad. Pautrat, Paris, Le Livre de Poche, 2002, p. 28), la physique épicurienne « pose donc une dissymétrie ontologique entre espace et temps, le premier seul participant de la réalité au sens propre, la réalité matérielle » (ou, comme je préférerais dire, s'agissant du vide, la réalité objective).

ou spirituelles (l'honnêteté, l'amitié ou la sérénité sont incontestablement supérieures, pour un épicurien, à leurs contraires), mais que pensées et valeurs n'existent que de façon seconde, non pas tant *pour nous*, comme dirait un kantien, que *par nous* (selon une logique causale plutôt que transcendantale) : elles n'ont de réalité et de valeur que pour autant que nous les pensons et qu'elles nous procurent du plaisir[1], et c'est en quoi elles en ont incontestablement (l'éthique est aussi vraie, pour un épicurien, que la physique[2]). Primat de la physique, disais-je, primauté de l'éthique : pensées et valeurs n'ont d'existence que seconde et déterminée (par des corps), mais la physique elle-même n'a de valeur que pour et par l'esprit (la nature ne se pense pas elle-même, ni ne se juge). Les deux sont à prendre ensemble : la physique dit la vérité de l'éthique (qu'elle n'existe et ne vaut que pour des corps vivants) ; l'éthique dit la valeur ou l'utilité de la physique (qu'elle permet seule d'avoir des plaisirs purs[3]). Matérialisme et hédonisme vont de pair : rien n'existe que la matière et le vide ; rien ne vaut que le plaisir. Il faut en conclure que tout plaisir est matériel, point que les plaisirs spirituels n'existent pas

1. Diogène Laërce, X, 138. Voir aussi les témoignages d'Athénée, 70 Us. (éd. Conche, p. 69), et *Anaxarque*, 116 Us. (éd. Conche, p. 76).

2. Puisque les affections *(pathè)* de plaisir et de douleur sont un critère de vérité : Diogène Laërce, X, 31. Voir aussi la *Lettre à Pythoclès*, 116, et la *Lettre à Ménécée*, 129.

3. Épicure, Maxime capitale, XII ; Lucrèce, IV, 25 *(utilitatem)*.

(l'esprit est une partie du corps : il existe donc) ni que toute matière soit agréable.

« Ainsi est affirmé le principe même du matérialisme, note Marcel Conche : que le supérieur (le déterminé, le composé, le complexe, le structuré) peut émerger de l'inférieur, le plus du moins[1]. » Réductionnisme ? Cela dépend du sens qu'on donne au mot. Oui, si on le prend en un sens ontologique : rien de ce qui advient n'échappe à la causalité atomique ; les atomes qui constituent le corps et l'esprit d'Épicure, par exemple, sont de même nature et obéissent aux mêmes lois, ou à la même absence de lois, j'y reviendrai, que ceux qui composent le corps et l'esprit de n'importe qui. Mais non, certes, si on le prend en un sens normatif ou explicatif, autrement dit si l'on prétend abolir la différence entre Épicure et un ignorant, ou réduire l'éthique, par exemple, à la physique. Comment l'art de vivre et de jouir, qui est l'éthique, pourrait-il se dissoudre tout entier dans la description des atomes, qui ne vivent ni ne sentent ? Comment la physique, qui ne connaît qu'atomes et vide, produirait-elle une méthode du bonheur ? Lucrèce, là-dessus, est très clair. Nous vivons, alors que les atomes ne vivent pas ; nous pensons, alors qu'ils ne pensent pas ; nous rions, alors qu'ils ne rient pas. Cela ne signifie pas qu'il y ait autre chose en nous que des atomes et du vide, mais que vie, pensée et comique sont des effets de structure, qui émergent, à un certain niveau d'organisation et de complexité, de la rencontre d'éléments qui les ignorent. Le matérialisme (le

1. *Lucrèce et l'expérience*, *op. cit.*, § 9, p. 55.

fait que nous ne puissions vivre, penser ou rire sans atomes) ne signifie nullement que la vie, la pensée ou le rire n'existent pas ou ne sont que des illusions ; il explique au contraire que nous puissions vivre, penser et rire sans être formé, comme dit Lucrèce, d'atomes vivants, intelligents ou rieurs[1]. « Ainsi, écrit excellemment Marcel Conche, le sensible naît de l'insensible, les vivants de la terre, le supérieur de l'inférieur ; mais il ne s'y réduit pas, car les atomes ne sont pas sensibles et la terre n'a rien de vivant[2]. » C'est ce qu'on appellerait aujourd'hui un matérialisme émergentiste : vie et pensée n'existent que de façon seconde et déterminée (par la matière) mais existent bel et bien (ce sont des propriétés émergentes, qui n'apparaissent qu'à un certain niveau d'organisation et de complexité). C'est ce que j'appelais, dans *Le Mythe d'Icare*[3], un matérialisme ascendant, et le contraire de la religion : si tout vient du plus bas (le vide sans fin, la matière sans vie, sans pensée, sans valeur), tout ne peut que monter.

Pourquoi ce matérialisme est-il un atomisme ? Parce que la disjonction matière/vide, à la prendre absolument, est exclusive, au sens que les logiciens donnent à ce terme. La matière est tout autant sans vide (donc absolument pleine : c'est ce qu'Épicure appelait les atomes) que le vide, par définition, est

1. II, 865-1022 (voir spécialement les vers 973-990).
2. *Lucrèce et l'expérience*, *op. cit.*, § 16, p. 81.
3. *Traité du désespoir et de la béatitude*, tome 1, Paris, PUF, 1984, rééd. 2002. Voir notamment, dans la « Conclusion provisoire », les p. 346-350 de la réédition en un seul volume.

sans matière. Même leur rencontre, dans les corps composés, les laisse inentamés :

Puisque notre raison et la nature même
Nous en ont convaincus, montrons en quelques vers
Qu'il existe des corps solides, éternels,
Qui sont les éléments premiers de tous les êtres
Et dont tout l'univers résulte et se compose.
D'abord nous avons vu qu'il existe deux choses
De nature opposée, la matière et l'espace
En quoi tout s'accomplit ; chacun des deux doit donc
Exister par lui-même et pur de tout mélange.
Car partout où s'étend l'espace seul, le vide,
Il n'y a pas de corps ; et partout où se tient
Un corps, il n'y a plus de place pour le vide.
Les corps premiers sont donc d'un seul bloc et sans
[vide[1].

Parce qu'ils sont absolument pleins, ces atomes sont physiquement insécables (quoiqu'ils ne soient pas indivisibles pour la pensée : ils ont une étendue), donc aussi éternels. Ce ne sont pas des points (ils ne sont pas infiniment petits), ni des idées, ni donc des êtres mathématiques. Ce sont des corps. Ils ont une masse, un volume, différentes formes (donc aussi, quoiqu'elles soient inséparables en fait, différentes parties), différentes tailles, mais sont tous trop petits pour être perçus. N'émettant pas de simulacres, ils sont d'ailleurs dépourvus de toute qualité seconde, comme on dira au XVIIe siècle (ils sont sans couleur,

1. I, 498-510.

sans odeur, sans saveur, sans bruit, sans température[1]). Il va de soi qu'ils sont dépourvus de toute sensibilité, de toute conscience, de toute volonté – de tout esprit. Ils n'ont qu'une forme, une masse (donc une force, qui les meut) et un mouvement. Ils sont en nombre infini (« sans fin ni total[2] »), comme le vide est sans limite. L'univers, qui est la somme de la matière et du vide, est donc lui aussi infini : il comporte, entre autres (car beaucoup d'atomes ne font pas monde, qui errent isolément ou dans des amas sans ordre), une infinité de mondes finis, « les uns semblables au nôtre, les autres différents[3] ». Notre Terre et notre Ciel (l'ensemble de ce que nous pouvons voir, c'est-à-dire notre monde, qu'on ne confondra pas avec l'ensemble de ce qui est et qu'on peut penser, qui est l'univers) ne sont ni le tout ni le centre de la nature – laquelle, étant infinie, ne saurait avoir ni centre[4] ni limite[5]. C'est pourquoi la nature est « libre », comme dit Lucrèce : non parce qu'elle serait douée de conscience ou de volonté, mais parce qu'il n'existe rien, ni hors d'elle (puisqu'elle est tout) ni en elle (parce qu'elle est infinie et aveugle ; « sans sujet ni fin », dirait Althusser), qui soit capable de la gouverner. Cela fera, dans le chant II, un argument de plus contre la religion :

1. II, 730-864.
2. II, 339 *(« neque finis… neque summa »)*.
3. Comme disait Épicure : *Lettre à Hérodote*, 45.
4. II, 1070-1071.
5. II, 958-1013.

Tiens bon sur ce savoir : tu verras aussitôt
Que la nature est libre, exempte de tout maître,
Faisant tout d'elle-même et sans aide divine.
J'en atteste les cœurs saints et sereins des dieux,
Leur éternelle paix, leur absolue quiétude :
Qui donc pourrait régir toute l'immensité,
Quel bras pourrait tenir les rênes de l'abîme ?
Qui pourrait entraîner de concert tous les cieux,
Échauffer par les feux de l'éther tous les mondes,
En tous lieux, en tous temps, se tenir toujours prêt
À obscurcir le ciel de nuées, à jeter
De grands coups de tonnerre et de foudre, brisant
Son propre temple, hurlant dans le désert, lançant
Rageusement ces coups qui ratent les coupables
Et font injustement périr des innocents[1] *?*

La nature est libre, puisqu'elle est tout. Les dieux, s'ils existent, en font partie. Ils ne sauraient donc la gouverner.

Toutefois, cette indépendance de la nature ne ferait encore qu'une nécessité immanente, comme un destin aveugle, où rien n'obéirait à personne mais où tout serait intégralement déterminé. La nature serait libre, peut-être, mais incapable de créer quoi que ce soit, comme nous le serions, nous, d'inventer librement notre avenir. Cela condamnerait l'épicurisme, et toute philosophie sans doute. À quoi bon philosopher, si cela ne doit rien changer ? Comment penser, si nous ne sommes pas libres ? Comment être libres, si la

1. II, 1090-1104.

nature gouverne tout ? Il faut donc – puisque la nature est créatrice, puisque nous pensons, puisque nous sommes libres – qu'il y ait autre chose. Mais quoi, puisque la nature est tout ? C'est ce qu'il faut maintenant examiner.

VIII

Le hasard et la liberté

Id facit exiguum clinamem principiorum
Nec regione loci certa nec tempore certo.
Lucrèce, II, 292-293
(« C'est grâce à cet écart infime des atomes
En un lieu, en un temps que rien ne détermine »).

Le chant I du *De rerum natura* est consacré aux principes, aussi bien théoriques (rien ne naît de rien, rien ne retourne au néant) que matériels (les atomes, *principia rerum*, dans le vide). Disons que c'est l'ontologie d'Épicure ou de Lucrèce. Elle prolonge celle de Démocrite, qui prolongeait elle-même, en la subvertissant, celle de Parménide. L'être est, c'est ce qui donne raison aux Eléates, mais point « tout entier ensemble, un et continu », comme le voulait Parménide[1]. L'être est pluriel. Il ne se dit pas seulement « multiplement », comme le notera Aristote[2], c'est-à-dire en plusieurs sens. Il *est* multiplement. Forçons pour une fois la grammaire, pour n'en rester pas

1. *Op. cit.*, fragment 8.
2. *Métaphysique*, Z, 1, 1028 a.

prisonniers ou dupes : l'être est plusieurs, l'être est multiple, et même infiniment multiple. Monisme, pluralisme : un et le même ! Tel est le coup de force, ou le coup de génie, de l'atomisme.

C'est comme un éléatisme démultiplié, émietté, pulvérisé, atomisé – un éléatisme du multiple. Chaque être est un, immuable, éternel, comme l'être de Parménide, il est bien « fini de partout », comme le soulignait le fragment 8 du *Poème*, mais il en existe une infinité (ce sont les atomes). Et le non-être *est* aussi : c'est ce qu'on appelle le vide, tout autant infini en étendue que les atomes le sont en nombre, et tout aussi éternel. Le monisme épicurien, on l'a vu au chapitre précédent, est en vérité un dualisme : il n'existe certes qu'une seule substance (la matière) et rien d'autre ; mais ce *rien* (le vide) existe aussi, c'est tout le paradoxe de l'atomisme, aussi bien à l'intérieur des corps composés (ce qui explique leurs différences de densité, de dureté, de durabilité) qu'entre les corps simples (ce qui permet le mouvement). L'être parménidien explose et se disperse, rendant ainsi possible le devenir. Et le devenir trouve, dans les mouvements atomiques, le principe substantiel de son intelligibilité. Voilà Héraclite et Parménide à la fois réconciliés et dépassés, ce qui est la grande affaire de la philosophie grecque en général et des atomistes en particulier. Vérité du devenir (Héraclite), vérité de l'être (Parménide), l'une et l'autre incontestables. Comment les faire tenir ensemble ? Par le mouvement, dans le vide immobile, d'atomes immuables. Telle était la réponse de Démocrite, telle est aussi, non sans plusieurs modifications, celle d'Épicure et de Lucrèce.

La matière n'est qu'une abstraction ; ce qui existe, ce sont des corps insécables, éternels, absolument pleins et infiniment nombreux (les atomes) dans le vide infini. Ils sont invisibles et aveugles (*corpora caeca*, écrit souvent Lucrèce[1]). Mais il n'y aurait pas de vue sans eux, ni rien à voir.

Que ces atomes n'aient guère de rapports avec ceux de la science moderne (qui ne sont ni insécables, ni éternels, ni absolument pleins), c'est une évidence. Qu'ils aient anticipé sur ceux-ci de plus de vingt siècles, c'en est une autre, qui explique en partie la première. Leucippe, Démocrite ou Épicure sont des philosophes, point des chimistes ou des physiciens. Comment auraient-ils pu deviner les incroyables développements, dans un tout autre univers théorique, de ce concept d'atomes, dont ils furent les initiateurs et qui a connu, ces deux derniers siècles, les bouleversements que l'on sait ? L'essentiel, qui fait de l'épicurisme un matérialisme, n'en demeure pas moins vivant (comme métaphysique, non comme physique), inscrit en creux, comme conséquence, dans l'atomisme : les idées ou les esprits n'existent pas, si ce n'est comme effets structuraux (dans des êtres vivants) de la matière et du vide, l'un et l'autre dépourvus de pensée, de conscience, de sentiment, de mémoire, de volonté – d'esprit. Ce n'est pas la pensée qui gouverne la nature ; c'est la nature qui produit (localement, provisoirement, multiplement) de la pensée. Ce n'est pas l'esprit qui crée ou gouverne la matière ; c'est la matière qui produit la vie, laquelle,

1. I, 277, 295, 328… Voir aussi I, 1110 *(primordia caeca)*.

parfois, engendre des êtres doués d'esprit (les animaux, les humains, les dieux).

L'être toutefois, même atomisé, n'y suffit pas. Cela suppose aussi de l'énergie, du mouvement, du devenir. Tel est l'objet du chant II, consacré aux mouvements des atomes. Le premier chant est à la fois ontologique et génétique : il porte sur l'origine (elle-même sans origine, puisqu'elle est éternelle) des corps composés. C'est ce qu'on pourrait appeler, pensant aux trois parties de la mécanique classique, la *statique* de l'épicurisme. Le second est cinétique : il porte sur les mouvements. Ce serait la *cinématique* lucrétienne (au sens où l'on en parle en mécanique classique), si ce n'était aussi et d'abord une *dynamique,* le tout constituant, comme il convient, une mécanique.

Cinématique : étude des mouvements. Dynamique : étude des forces. Mais tout mouvement, pour les épicuriens, résulte d'une force : la cinématique suppose une dynamique, qui la rend possible et qu'elle atteste. Rien n'est absolument statique dans la nature. La matière n'est point inerte : elle est force *(vis materiai*[1]*),* c'est-à dire énergie (*energeia*, disait Épicure[2] : force en action, puissance en acte). Au reste, il suffit de la regarder pour s'en rendre compte, et Lucrèce ne s'en prive pas. Quoi de plus spectaculaire qu'une tempête ? Quoi de plus énergique que le vent ou le feu ? Quoi de plus fort que la nature ?

---

1. II, 544. Voir aussi, *ibid.*, les vers 62-64 et 303-304, ainsi que le vers 64 du livre II.

2. *Lettre à Hérodote*, 48.

Les atomes étant immuables, ces forces sont constantes. Le mouvement est donc perpétuel – à la fois continu (sans interruption) et sempiternel (sans commencement ni fin). Les atomes, tout immuables qu'ils soient, ou plutôt parce qu'ils le sont, ne demeurent jamais immobiles :

Ils errent dans le vide : il est donc nécessaire
Que tous soient emportés par leur poids propre ou bien
Par le rebond qui naît du choc d'un autre atome. [...]
Car dans tout l'univers ne se trouve aucun fond :
Où donc les corps premiers pourraient-ils s'arrêter ?
L'espace est sans limite : il s'étend sans mesure
Et s'ouvre à l'infini, toujours, dans tous les sens. [...]
Il est donc évident qu'aucun repos jamais,
Dans le vide sans fond, ne leur est accordé :
Tous sont en mouvements incessants et divers,
Soit qu'ils s'écartent loin après s'être heurtés,
Soit qu'ils restent voisins, tout en s'entrechoquant[1].

Ceux des atomes qui restent unis entre eux, comme accrochés ou enchevêtrés les uns avec les autres, malgré leurs mouvements et leurs chocs, constituent les corps composés, d'autant plus solides, tels la pierre ou le fer, qu'ils comportent moins de vide et que les atomes y sont davantage imbriqués. Les autres, ceux

1. II, 83-102. Même théorie, bien sûr, chez Épicure : « Les atomes se meuvent continûment durant l'éternité, les uns s'écartant loin les uns des autres, les autres, au contraire, gardant la même vibration, quand ils se trouvent pris dans un enchevêtrement ou enveloppés dans des atomes enchevêtrés » (*Lettre à Hérodote*, 43).

qui rebondissent plus loin, séparés entre eux par davantage de vide, composent « le fluide rare de l'air » ou « l'éclatante lumière du soleil ». D'autres enfin, n'étant entrés dans aucune combinaison, ou en étant sortis, errent, innombrables et stériles, au moins provisoirement, dans le vide infini…

De ces mouvements perpétuels, y compris dans des corps qui semblent pleins et immobiles, Lucrèce fournit une belle image, qui n'est certes qu'une analogie, mais qui vise à vaincre les réticences du lecteur en l'aidant à imaginer ce qu'il ne peut voir (le mouvement d'atomes par nature invisibles) :

Quand le soleil se glisse en nos demeures sombres,
Tu vois, dans le faisceau de lumière, flotter
Mille grains de poussière, agités en tous sens,
Qui comme les soldats d'une guerre éternelle
Se livrent vainement batailles et combats,
Sans s'accorder de trêve et toujours se mouvant,
Au gré des ralliements et des séparations...
Imagine par là l'éternel mouvement
De tous les corps premiers dans le vide infini[1].

Un atome, par définition et même à l'intérieur d'un corps composé, est toujours dans le vide. Il est donc toujours en mouvement (quand bien même celui-ci ne serait qu'une vibration incessante d'atomes

1. II, 114-122 (j'emprunte quelques vers à la traduction de J. Kany-Turpin). L'analogie, attestée par Aristote (*De anima*, I, 2, 404 a 3-4), se trouvait déjà chez Leucippe (A 28, *Les Présocratiques*, *op. cit.*, p. 743) et Démocrite.

s'entrechoquant au sein d'un corps solide). L'immobilité n'est jamais qu'une apparence ; le mouvement, non le repos, est la vérité de l'être.

Reste à savoir quelles sont les causes de ce mouvement. Rien ne naît de rien, sauf les atomes et le vide (qui ne naissent pas : ils sont éternels). Il faut donc que le mouvement naisse de quelque chose... Pourrait-il, lui aussi, ne pas naître ? Oui, et c'est d'ailleurs ce qu'enseignait Épicure, que Lucrèce, on s'en doute, ne dément pas : « Il n'y a pas de commencement à ces mouvements », puisque les atomes et le vide, qui suffisent à l'expliquer, sont éternels[1]. Mais les atomes et le vide sont des êtres, en tout cas (pour le vide) des existants ; le mouvement est un acte, qui n'existe, à chaque instant, que pour autant qu'il se produit. Qu'il n'ait pas de commencement, cela ne dispense pas d'en donner la cause ou la raison. Celle-ci, dans le cadre de l'atomisme, est vite trouvée. Les atomes et le vide n'ont pas d'autre cause qu'eux-mêmes (ils existent parce qu'ils existent). Le mouvement, pas d'autre cause que les atomes et le vide.

Encore le vide ne fait-il qu'une cause négative (puisqu'il ne peut ni agir ni pâtir) : il est la condition du mouvement[2], plutôt que sa cause.

Cela ne laisse guère de choix : la cause du mouvement des atomes ne peut se trouver que dans les atomes eux-mêmes. Mais comment ?

1. *Lettre à Hérodote*, 44.
2. *Ibid.*, 39-40. Voir aussi Lucrèce, I, 329-345.

Il y a bien sûr, pour chaque atome, des causes externes : les chocs qu'il subit d'autres atomes. Comme les atomes sont absolument durs, étant absolument pleins, le choc entre eux n'est nullement amorti ; et comme ils sont dans le vide, leur vitesse n'est pas non plus ralentie par les frottements : chaque atome reçoit intégralement la force de l'impact, qu'il transmet sans perte à chaque nouveau choc. Leur vitesse, indépassable mais finie, reste donc constante[1].

Épicure, peut-être sous l'influence d'Aristote (lequel faisait cette objection à Démocrite), pense pourtant que cette explication par les chocs ne saurait suffire : « Le mouvement ne peut se transmettre par une chose, sans une autre qui se meuve par soi[2]. » Même éternel, le mouvement ne peut s'expliquer à l'infini par le mouvement. Il faut s'arrêter quelque part, comme dit toujours Aristote : il est nécessaire, pour éviter la régression à l'infini, qu'il y ait comme un premier moteur, qui « nécessairement se meut soi-même » ou meut « sans être mû[3] ». C'est où il faut choisir entre les causes finales et les causes efficientes, entre le premier moteur immobile, transcendant et unique, celui d'Aristote, et les premiers moteurs innombrables, mobiles et immanents d'Épicure, disons entre l'idéalisme et le matérialisme, entre Dieu et les atomes. Épicure, tout en intégrant l'objection d'Aristote, se range ici, résolument, du côté de

1. II, 142-164.

2. Aristote, *Physique*, VIII, 5, 256 a (trad. H. Carteron, Paris, Les Belles Lettres). Voir aussi *De Caelo*, III, 2, 300 b.

3. *Physique*, VIII, 5-6 (voir spécialement 256 a et 258 b).

Démocrite. Il va de soi que Lucrèce en fait autant. Le premier moteur, pour un épicurien, ne peut être que l'atome, et c'est pourquoi il convient d'en parler au pluriel : *Prima mouentur enim per se primordia rerum*, « Les atomes sont mus les premiers par eux-mêmes[1] ». Quelle force les meut ? Leur poids, force intrinsèque (à la différence de notre pesanteur), qui les entraîne, spontanément et indéfiniment, vers le bas (à la différence de notre gravitation). C'est la deuxième cause motrice, ou plutôt c'est la première (elle est antérieure, en droit sinon en fait, aux chocs : l'une et l'autre causes sont éternelles, comme les atomes, mais les chocs n'existeraient pas sans le poids, alors qu'il pourrait exister sans eux).

Reste à comprendre comment ces deux causes, le poids *(pondus)* et les chocs *(plagae),* sont compatibles entre elles. Le poids, on l'a vu, entraîne les atomes vers le bas. L'univers étant infini, ce bas n'est pas un lieu, mais une direction[2] ; tous les atomes, tombant verticalement, devraient donc aussi tomber parallèlement. Comment dès lors peuvent-ils se rencontrer, rebondir les uns contre les autres, se mêler ou s'accrocher, en fonction de leurs formes respectives, bref constituer des amas d'atomes (par exemple des tourbillons, comme chez Démocrite), puis des mondes ? On pourrait croire que le poids, dans ses différences inter-atomiques, y suffit : que les atomes les plus

1. II, 133.

2. Dans le vide infini, tous les points se valent et aucun n'est le plus bas ; mais l'univers, du fait des atomes et de leur poids, est anisotrope : toutes les directions ne s'y valent pas.

lourds, tombant plus vite, rattraperont les plus légers. Mais Épicure, intégrant là encore une objection qu'Aristote faisait à Démocrite, avait compris que, dans le vide, tous les corps devaient tomber à la même vitesse[1]. Ils ne pourraient donc aucunement se rattraper les uns les autres, ni dès lors, tombant parallèlement et à la même vitesse, se rencontrer. S'ils se rencontrent, comme l'existence de notre monde suffit à l'attester, il faut donc qu'il y ait autre chose. Dans un espace euclidien, qui est bien sûr celui d'Épicure, cela suppose, outre le poids et les chocs, une troisième cause motrice, qui permette de passer de celui-là (qui ne peut entraîner de lui-même que des chutes indéfiniment verticales, donc parallèles) à ceux-ci (qui supposent des rencontres entre les atomes). Cette troisième force, c'est ce que Lucrèce appelle le *clinamen*, autrement dit la déviation ou déclinaison des atomes. C'est l'un des passages les plus difficiles et les plus importants du *De rerum natura*, qu'il faut citer en entier :

Pendant qu'ils tombent droit, entraînés dans le vide
Par leur poids, en un lieu et un moment quelconques,
Les atomes dévient, mais très peu, juste assez
Pour que leur mouvement puisse être dit changé.
S'ils ne déviaient ainsi, tous tomberaient tout droit,
Comme gouttes de pluie, dans le vide sans fond :
Il n'y aurait entre eux ni rencontres ni chocs ;
La nature jamais n'aurait rien pu créer.

1. *Lettre à Hérodote*, 61. Voir aussi Aristote, *Physique*, IV, 8, 216 a.

Peut-être penses-tu que les corps les plus lourds
Tombent aussi plus vite, y compris dans le vide,
Qu'ils rattrapent ainsi les corps les plus légers,
Faisant naître ces chocs d'où toutes choses naissent ?
C'est t'écarter bien loin de la droite raison !
À travers l'eau ou l'air, certes, tout ce qui tombe
Ira plus ou moins vite en fonction de son poids.
C'est que les masses d'eau et même l'air subtil
Ne peuvent retarder autant toutes les chutes :
Vaincus, ils cèderont plus vite aux corps plus lourds.
Mais en aucun endroit, mais à aucun moment,
Le vide ne saurait se trouver sous un corps
Sans céder aussitôt : c'est sa nature propre.
Tous les atomes donc, dans le vide immobile,
Quoique inégaux en poids ont la même vitesse.
Les plus lourds ne pourront donc jamais rattraper
Les plus légers, ni donc engendrer tous ces chocs
Qui font les mouvements féconds de la nature.
Ainsi, je le répète, il faut que les atomes
Dévient un peu, mais pas plus que le minimum.
Pas question d'inventer un mouvement oblique !
Car c'est chose visible, évidente : aucun corps
Ne peut, pendant qu'il tombe, obliquer de lui-même,
Pour autant qu'on le peut voir. Mais qu'il ne s'écarte
Absolument en rien de l'axe vertical,
Qui, de ses propres yeux, pourrait s'en rendre compte ?
Enfin, si toujours tous les mouvements sont liés,
S'ils se succèdent tous dans un ordre inflexible,
Si, par leur déviation, les atomes ne font
Un premier mouvement qui brise le destin,
Rompant la succession indéfinie des causes,
D'où vient la liberté dont les vivants jouissent ?
D'où vient la volonté qui s'arrache au destin,

Qui nous fait avancer où le plaisir nous mène,
En déviant, nous aussi, n'importe quand, n'importe
Où, suivant l'impulsion de notre seul esprit ?
Car tout cela, c'est sûr, vient de la volonté,
D'où chaque mouvement se répand dans nos membres.
Regarde les chevaux, lorsqu'on ouvre les stalles :
La force du désir ne peut les entraîner
Aussi soudainement que leur esprit le veut.
C'est qu'il faut que la masse entière de leur corps
Soit d'abord mise en branle, à travers chaque muscle,
Pour pouvoir suivre en bloc l'impulsion de leur âme.
Le mouvement naît donc du cœur, tu le vois bien,
C'est de la volonté qu'il émane d'abord,
Avant de se transmettre ensuite à tout le corps.
On ne voit rien de tel quand nous sommes poussés
En avant par un choc, une force extérieure.
Dans ce cas, en effet, le corps se meut en bloc,
Entraîné malgré nous, tant que la volonté
N'a pas pu le freiner à travers chaque muscle.
Ainsi, quoiqu'une force extérieure souvent
Nous pousse, nous oblige à marcher malgré nous,
Nous emporte, tu vois qu'il y a dans nos cœurs
Quelque chose qui peut combattre et résister.
C'est cette volonté qui force la matière
À se mouvoir alors dans le corps et les membres,
Ou bien qui la retient et la force au repos.
Il faut donc accorder aux atomes aussi,
En plus du poids, en plus des chocs, une autre cause
De mouvement, d'où vient en nous cette puissance,
Puisque, nous le voyons, de rien rien ne peut naître.
Le poids exclut déjà que tout soit fait par chocs,
Comme de l'extérieur ; mais si l'esprit lui-même
N'est pas l'esclave en tout d'une nécessité

Interne, s'il échappe à la passivité,
C'est grâce à cet écart infime des atomes,
En un lieu, en un temps que rien ne détermine[1].

On ne trouve, dans les textes d'Épicure qui nous sont parvenus, aucune référence à cette théorie. Cela ne prouve pas, tant ces textes sont parcellaires (trois lettres, quelques maximes et sentences...), qu'il n'en soit pas l'inventeur. Cicéron la lui attribue expressément[2], et on est certain, en tout cas, que cette déclinaison ou déviation des atomes n'a pas été inventée par Lucrèce, qui du reste n'y prétend pas : elle est attestée, sous son nom grec de *parenklisis*, dans des textes antérieurs au *De rerum natura*. Lucrèce n'en constitue pas moins, sur cette question, notre source principale. Reste à le comprendre.

Cette théorie a déclenché, depuis vingt siècles, des monceaux d'ironie. Deux reproches principaux lui ont été faits.

Le premier est d'ordre logique. Le *clinamen* serait une supposition « arbitraire », comme disait déjà Cicéron, « enfantine », comme disait Martha, « puérile », comme disait Bergson, et qui, ajoutait Solovine, « renverserait le principe de causalité[3] » ; ce serait une

1. II, 217-293 (j'indique en marge, exceptionnellement, la numérotation des vers, pour qu'on puisse plus facilement confronter à ma traduction le commentaire qui va suivre, où, par souci de précision, je me libérerai des exigences de la prosodie et citerai souvent la traduction Ernout).

2. *De natura deorum*, I, XXV, 69 et XXVI, 73 ; *De fato*, X, 22-23 ; *De finibus*, I, VI, 19.

3. Cicéron, *De finibus*..., I, VI, 19 (trad. J. Martha, Paris, Les

entorse à la rationalité dont, par ailleurs, Lucrèce se réclame.

Le second reproche est d'ordre métaphysique, voire idéologique. Il est surtout appuyé, marxisme oblige, chez Paul Nizan. L'ami de Sartre, d'habitude si bien disposé vis-à-vis de l'épicurisme, reproche à Lucrèce d'avoir introduit, avec le *clinamen*, un « principe spirituel » : ce « mouvement autonome et contingent des atomes » serait « analogue au libre arbitre » ; il constituerait « une fissure par où l'idéalisme peut passer » et « passe en effet[1] ». Charles Mugler, dans un autre registre, fait une objection du même ordre : le *clinamen* serait un mouvement « téléologique et conscient », un « libre choix des atomes », ce qui constituerait « une pétition de principe qui ruine

---

Belles Lettres, 1928) ; C. Martha, *Le Poëme de Lucrèce*, *op. cit.*, chap. VI, « La morale de Lucrèce », p. 194 ; Bergson, *op. cit.*, p. 32 ; Solovine, *Épicure, doctrines et maximes*, Paris, Hermann, 1965, « Note sur le *clinamen* », p. 189. Je reprends ici la teneur d'un exposé que j'ai présenté à l'Université Paris I, dans le cadre du Groupe de recherche sur l'histoire du matérialisme, dirigé par Olivier Bloch, le 21 décembre 1985, sous le titre « Lucrèce et le *clinamen* : une théorie matérialiste de la liberté ».

1. P. Nizan, *op. cit.,* p. 41-42. Notons que le jeune Marx, autrement pénétrant, accordait au contraire le plus grand crédit au *clinamen* : « La *declinatio atomorum a via recta* (déviation des atomes de la ligne droite) est une des conséquences les plus profondes de la philosophie épicurienne, elle est fondée dans sa marche la plus intime. Cicéron peut bien en rire, la philosophie lui est chose aussi étrangère que le président des États libres de l'Amérique du Nord » (*Différence…*, *op. cit.*, p. 168). La plupart des marxistes, ces dernières décennies, vont dans le même sens : voir par exemple Georges Cogniot, *De la nature des choses*, Paris, Éditions sociales, 1974, p. 45-51.

l'atomisme[1] ». Bref, le *clinamen* serait une *déviation*, au sens quasi idéologique du terme : ce serait une entorse au matérialisme, dont Lucrèce pourtant, après Épicure, formule expressément le principe.

Aucun de ces deux reproches ne me paraît justifié.

Remarquons d'abord que les 77 vers que Lucrèce consacre au *clinamen* prennent la forme d'une double démonstration, en l'occurrence parfaitement conforme à la canonique épicurienne. L'épicurisme est un sensualisme. Mais, s'agissant de faits invisibles, on ne peut démontrer une thèse qu'en montrant que sa contradictoire est incompatible avec les données de la sensation[2]. Le raisonnement, nous en avons déjà vu plusieurs exemples, prend alors la forme très classique d'une démonstration par l'absurde, qui prouve la vérité d'une proposition par l'évidente fausseté d'une au moins des conséquences de sa contradictoire. C'est le cas ici. Il est certain que les atomes dévient de façon infime et indéterminée, puisque, s'ils ne le faisaient pas, il n'y aurait pas de corps composés (première démonstration, qui prouve l'existence d'une déviation) ni de volonté libre (seconde démonstration, qui prouve que cette déviation est indéterminée), ce qui est démenti par l'expérience : celle-ci suffit en effet à

1. Ch. Mugler, « Pluralisme matériel et pluralisme dynamique dans la physique grecque, d'Anaximandre à Épicure », *Revue de philologie*, 1961, p. 84.

2. Sur cette « méthode du savoir », qui est à la fois empirique et déductive, il faut lire le texte de Sextus Empiricus, cité et commenté par M. Conche dans son édition d'Épicure, p. 20-25 et 34-39.

prouver qu'il existe des corps composés dans l'univers (pour la première démonstration) et une volonté en nous, « capable de combattre et de résister » (pour la seconde démonstration). Bref, il n'y a, dans la théorie du *clinamen*, rien d'arbitraire : celle-ci fait l'objet d'une double démonstration apodictique (Lucrèce, par deux fois, et légitimement de son point de vue, écrit « *necessest*[1] »).

Le *clinamen* viole-t-il le principe de causalité ? La difficulté, ici, est réelle. Car il faut bien, semble-t-il, que le *clinamen* soit sans cause : il ne saurait autrement, comme c'est pourtant sa fonction explicite et le *nervus probandi* de sa seconde démonstration, « empêcher la succession indéfinie des causes[2] » et briser par là « les lois du destin[3] ». La chose est d'autant plus importante, et d'autant plus difficile, que le refus du destin est un point essentiel de la doctrine, où se concentrent la physique (contre « le destin des physiciens[4] » ou la nécessité universelle de Démocrite), l'éthique (« Notre volonté est sans maître, écrit Épicure, à elle s'attachent naturellement le blâme et son contraire[5] »), et même la canonique (puisque l'exigence de vérité suppose que la pensée n'est pas soumise, dans ses jugements, à une nécessité extrinsèque[6]). Si bien que sans le *clinamen*, et sans son

1. II, 243 et 284 (« Il faut », « il est nécessaire »).
2. II, 255.
3. II, 254.
4. Épicure, *Lettre à Ménécée*, 134.
5. *Ibid.*, 133-134.
6. Comme est nécessairement, pour la pensée (puisque les atomes ne pensent pas), toute détermination atomique. Voir sur

indétermination effective[1], c'est tout l'épicurisme qui s'écroulerait.

Comment ne pas tomber dans une contradiction, dès lors qu'il est rappelé, dans ce texte même et comme argument démonstratif *(quoniam)*, que, « nous le voyons, de rien rien ne peut naître[2] » ? Il semble qu'il y ait là une incohérence rédhibitoire, puisque le *clinamen* est prouvé (à partir du fait liberté, qu'il faut expliquer) au nom même du principe de causalité dont il constituerait (étant lui-même sans cause, sans quoi il ne pourrait expliquer la liberté) la ruine !

Comment sortir de cette aporie ? En distinguant, comme faisait déjà Épicure, les *propres* de l'atome, c'est-à-dire ses propriétés constantes *(sumbébèkota, conjuncta)*, de ses *accidents* ou *événements (sumptômata, eventa)*[3]. Comme puissance propre à l'atome (le fait que l'atome puisse, en permanence, dévier), le *clinamen* est évidemment sans cause, mais pas plus que ces autres propres que sont sa forme ou son poids, et pas plus, surtout, que l'atome lui-même. Cela ne constitue nullement, n'en déplaise à Cicéron, une

---

ce point M. Conche, *Épicure...*, p. 80, qui renvoie à juste titre à la *Sentence vaticane* 40.

1. Si le *clinamen* était seulement indéterminable ou inassignable (comme l'écrivait G. Deleuze, « Lucrèce et le simulacre », in *Logique du sens*, coll. « 10-18 », 1973, p. 365), il ne pourrait pas, comme Lucrèce nous dit pourtant qu'il le fait, « rompre les lois du destin » (II, 254). Il ne romprait que la connaissance que nous pouvons en prendre : notre liberté ne serait qu'une illusion (on ne serait plus chez Lucrèce mais chez Spinoza). Voir, là encore, M. Conche : Épicure, *Lettres et maximes*, p. 82-83.

2. II, 287.

3. Épicure, *Lettre à Hérodote*, 68-73 ; Lucrèce, I, 449-482.

« supposition arbitraire » : car de même que l'atome peut avoir indifféremment tel ou tel poids mais en a nécessairement un, de même il peut décliner à tel ou tel moment, en tel ou tel lieu, mais il décline nécessairement *(« paulum inclinare necessest corpora*[1] *»).* Si bien que c'est le jeune Marx qui avait raison, quand il notait, dans sa Dissertation de doctorat, que « Demander la cause de cette détermination revient à demander la cause qui fait de l'atome un principe, question évidemment privée de sens pour celui qui croit que l'atome est la cause de tout, et qu'il ne saurait donc avoir une cause[2] ».

Cela viole-t-il le principe de causalité ? Nullement, du moins tel qu'Épicure et Lucrèce le formulent. Ce principe stipule en effet que rien ne *naît (gigni, fieri)* de rien, ce qui suppose que l'atome, qui ne *naît* pas (puisqu'il est éternel), est en dehors de sa portée, qu'il fonde et qui ne le régit pas.

Il en va autrement, on s'en doute, si l'on considère le *clinamen* non plus comme propre mais comme événement. Certes, il reste vrai que l'atome est sa cause, dont chaque nouvelle déviation est l'effet ou, mieux, l'acte (c'est l'atome qui décline : le *clinamen* ne saurait lui être extérieur comme un effet à sa cause). En quoi alors le *clinamen*, s'il reste soumis au principe de causalité (il ne naît pas de rien : il naît de l'atome), peut-il empêcher « la succession indéfinie des causes[3] » ? C'est ici l'essentiel, où la théorie de

1. II, 243-244.
2. K. Marx, *Différence…*, *op. cit.*, p. 244.
3. II, 255.

Lucrèce se montre particulièrement subtile : le *clinamen* empêche « la succession indéfinie des causes », *non parce qu'il supprimerait la causalité, mais parce qu'il interrompt la succession.* Il n'est pas indéterminé, absolument parlant (sans cause) ; il est indéterminé *dans l'espace et dans le temps* (sans cause antécédente ou contiguë[1]). Or, cette indétermination seulement spatio-temporelle (qui n'est pas sans évoquer aujourd'hui, dans une tout autre problématique, quelques traits de la physique quantique) ne transgresse aucunement le principe de causalité, note à juste titre Marcel Conche, car ce principe, « comme tel, n'implique pas que toute cause doive produire son effet sous des conditions de lieu et de temps[2] ». Une cause non locale et non temporelle ne cesse pas pour autant d'être cause.

Je dirai plus : dès lors que l'espace, pour un épicurien, n'est autre que le vide, et que celui-ci ne peut « ni agir ni pâtir », il ne saurait non plus déterminer quoi que ce soit. Or, tout atome, par définition, est dans le vide : l'indétermination spatiale fait dès lors partie de son statut. Même la chute vers le bas est moins déterminée par l'espace qu'elle ne le détermine (par ce mouvement vers un bas qui n'existe pas comme lieu absolu mais bien, du fait de l'atome et de son poids intrinsèque, comme direction : l'atome, pourrait-on dire, *verticalise* le vide). Avant les chocs et les rencontres, donc avant le *clinamen* (antériorité

1. Voir les vers 218-219, 259-260 et 293 du livre II. Voir aussi M. Conche, *Épicure*..., p. 83-86.
2. *Lucrèce et l'expérience*, *op. cit.*, § 9, p. 56.

logique, cela va de soi, non chronologique), tout lieu, pour l'atome, est indéterminé : où que ce soit, c'est toujours n'importe où.

Il en va de même, je l'ai indiqué en passant, de l'indétermination temporelle. Les atomes, à les considérer en eux-mêmes et indépendamment du *clinamen*, ont des propres (le poids, la forme, la taille, le mouvement), mais pas d'accidents : ils sont, à la lettre, *sans événement,* et donc, en toute rigueur, *sans temps.* Le temps, en effet, « n'existe pas par lui-même[1] » : il n'est que « l'accident des accidents[2] » et n'existe, dès lors, qu'autant que ces derniers existent. Mais les accidents ne peuvent eux-mêmes advenir à l'atome – puisqu'il est immuable – que pour autant qu'il en rencontre d'autres. C'est dire que le temps résulte du *clinamen* et ne saurait pour cela le gouverner.

On comprend pourquoi le *clinamen* nous déroute tant : non parce qu'il violerait le principe de causalité (le libre arbitre, qui le violerait aussi, nous déroute moins), mais parce qu'il se produit selon une causalité non locale et non temporelle, autrement dit à un niveau qui n'est pas le nôtre – celui des atomes –, où l'espace ne compte pas (puisqu'il ne peut ni agir ni subir) et où le temps n'est rien. Il n'y a de temps, répétons-le, que là où il y a des événements, des

1. Lucrèce, I, 459 *(tempus item per se non est)* ; cf. *supra*, p. 144.

2. Selon le témoignage de Sextus Empiricus, *Adv. Math.*, X, 219-226, cité par M. Conche, p. 119 des *Lettres et maximes* d'Épicure. Sur la conception épicurienne du temps, que je ne peux développer ici, voir ce que j'écrivais dans *L'Être-temps*, Paris, PUF, 1999, p. 99-101 et 109-110.

accidents, que là où quelque chose arrive (par exemple un changement de direction, ou un choc entre atomes) ou commence. Cela suppose le *clinamen* : sans *clinamen*, pas d'accident, donc pas d'accident des accidents, donc pas de temps. Le *clinamen* est donc nécessairement indépendant du temps, puisqu'il se produit en un lieu (le vide indéterminé et indéterminant) et à un niveau (celui des atomes considérés isolément) où le temps n'est rien. Mieux, parce qu'il est à l'origine des accidents, il est aussi à l'origine du temps – non pas déterminé dans le temps, donc, mais *déterminant* le temps et lui donnant, exactement, lieu d'être. Le poids verticalise le vide ; le *clinamen* temporalise la matière. On objectera qu'il n'y aurait pas de mouvement, fût-il vertical, si le temps n'existait déjà. C'est donner à ce dernier une consistance ontologique qu'il n'a pas. Pour qu'il y ait du mouvement, le présent ou l'éternité suffisent, qui sont une seule et même chose (la nature), laquelle ne devient *temps* que grâce au *clinamen*. Primat de l'actuel sur le virtuel. Ce n'est pas parce qu'il y a du temps qu'il y a des événements ; c'est parce qu'il y a des événements qu'il y a du temps. Le *clinamen* n'est donc pas une origine « à l'origine », un point originel initiateur d'une histoire, ni donc un commencement absolu. Il n'est pas un *commencement* du tout : il est l'origine anhistorique de toute histoire, le principe atemporel de tous les temps, la condition toujours recommencée de tous les commencements. Il n'y a donc pas d'avant le *clinamen* (avant le *clinamen*, il n'y aurait pas de temps donc pas d'avant), pas de création, pas de genèse : le temps est infini *(ex infinito tempore*[1]*)*, parce qu'il y a toujours eu des accidents, parce qu'il y a toujours eu du *clinamen*. L'atome décline non pas *tout le temps* certes (il est discontinu), mais bien *de tout temps* (depuis toujours et pour toujours), dans « l'éternel présent[2] » de la nature. Car « il n'y a pas de commencement à tous ces mouvements, les atomes et le vide étant éternels[3] ».

Indétermination dans l'espace et le temps, donc : le *clinamen* n'est pas sans cause ; il est soumis à une causalité (celle des atomes) qui n'est ni localement ni temporellement déterminée. Mais cette indétermination suffit bien, en revanche, à briser « la succession indéfinie des causes ». Car le *clinamen*, étant

---

1. I, 550.

2. Comme dit M. Conche, *Lucrèce et l'expérience*, *op. cit.*, chap. III, § 9, p. 56.

3. Épicure, *Lettre à Hérodote*, 44. Je suis ici, avec Hamelin, Ernout et Solovine, pour les traductions françaises, et malgré Bollack (*La Lettre d'Épicure*, Paris, Minuit, 1971, p. 87 et note 2 de la p. 184) et Conche (*Épicure*..., p. 103 et note 5 de la p. 131), le texte d'Usener, qui reprend une correction de Gassendi et lit *aidiôn* (« éternels ») à la place de *aitiôn* (« causes »). De fait, les deux versions sont plausibles – et il peut dès lors sembler préférable d'éviter une correction. Dans quelle mesure pourtant le vide peut-il être dit cause ? Efficiente ? Cela ne se peut (puisqu'il n'agit pas). Matérielle ? Ce serait contradictoire. Finale ? La doctrine l'interdit. D'ailleurs, le vide ne fait pas partie des trois causes de mouvement que la tradition épicurienne retient (poids, chocs, *clinamen*) : il n'en est que la condition (ce sans quoi le mouvement serait impossible). De là mon hésitation et, finalement, mon choix. Il est d'ailleurs, philosophiquement et pour le point qui nous occupe ici, de peu de conséquence : les atomes et le vide sont bien, pour Épicure, éternels (*Lettre à Hérodote*, 43).

indéterminé dans le temps, ne « succède » à rien, en tout cas à rien qui le cause, et interdit bien en cela « qu'une cause suive une cause à l'infini » *(ex infinito ne causam causa sequatur*[1]*)*. C'est ce qui lui permet de briser la nécessité universelle (qui serait une concaténation infinie de causes) ou, en d'autres termes et comme disait Épicure, « le destin des physiciens ». Grâce au *clinamen*, la nécessité, sans être abolie pour autant, ne joue plus que « selon une série causale limitée dans le temps[2] », chacune d'entre elles commençant à une nouvelle déclinaison des atomes, qui est ainsi « un commencement absolu », comme dit Marcel Conche[3], ou plutôt (car l'atome, lui, est toujours déjà là) le pouvoir de commencer absolument une nouvelle série causale. Conception atomistique ou quantique[4], c'est-à-dire discontinuiste, de la causalité : voilà que la nécessité, comme la matière elle-même, est morcelée, à la fois irréductiblement multiple et discontinue – atomisée. Ce n'est pas une contingence absolue, ni un indéterminisme total (le principe de causalité, répétons-le, continue de valoir) : c'est une nécessité en miettes et un déterminisme pluriel,

1. II, 255.
2. M. Conche, Épicure, *Lettres et maximes*, p. 83.
3. *Ibid.*
4. M. Conche a raison de s'autoriser le mot, malgré les risques d'anachronisme, dans un bel article, « Épicure et l'analyse quantique de la réalité », repris en appendice dans la dernière édition de son *Lucrèce et l'expérience*. Voir aussi Philip Merlan, « L'univers discontinu d'Épicure », dans les *Actes du VIII*^e^ *Congrès de l'Association Guillaume Budé*, *op. cit.*, p. 258-263.

discontinu, brisé – un déterminisme anti-laplacien, dirait-on aujourd'hui[1], c'est-à-dire anti-fataliste.

Lucrèce est donc parfaitement fondé à écrire que les atomes, par leur déclinaison, « prennent l'initiative d'un mouvement qui rompt les lois du destin[2] » (les *foedera fati*). Le *clinamen*, comme propre, est ce pouvoir permanent de discontinuité, comme accident – le pouvoir, exactement, de *faire événement*. L'atome, sans lui, n'aurait que des propriétés constantes (le poids, la taille, la forme, la chute verticale) et rien, jamais, ne lui arriverait, ni n'arriverait à quiconque. Il n'y aurait pas de mondes, pas de corps composés, pas de vie, pas d'histoire, et d'ailleurs pas de temps. Grâce au *clinamen*, au contraire, il arrive que quelque chose arrive, quelque chose d'absolument neuf, d'absolument imprévu et imprévisible : un accident, un événement, par quoi il y a, dans le même

1. Parce que Laplace (1749-1827) imaginait une chaîne continue des causes, de telle sorte qu'une intelligence qui connaîtrait la totalité de l'univers, en un instant donné, pourrait en déduire tous les états antérieurs et ultérieurs : « rien ne serait incertain pour elle, et l'avenir comme le passé serait présent à ses yeux » (*Essai philosophique sur les probabilités*, I, *Œuvres*, Gauthier-Villars, VII, 1). C'est ce qu'on appelle « le démon de Laplace », qui est resté, dans l'histoire des idées, comme le spectre d'un déterminisme absolu. Si Laplace avait raison, tout serait en quelque sorte écrit à l'avance, prédéterminé de toute éternité, parce que inscrit dans la continuité sans fin des causes. C'est ce spectre que l'indéterminisme, en physique des particules, vient aujourd'hui briser, et qu'Épicure (qui l'appelait, on l'a vu, « le destin des physiciens ») refusait déjà. Voir à ce propos J.-M. Gabaude, *Le Jeune Marx et le matérialisme antique*, Toulouse, Privat, 1970, p. 92-93.

2. II, 253-254.

mouvement, du nouveau (donc aussi de l'ancien) et du temps. C'est où l'éternel présent de la nature se fait temps, en distinguant, à chaque événement, un avant et un après.

C'est par quoi la nature incréée se fait créatrice : quelque chose en elle perpétuellement commence, qui n'était écrit nulle part, ni prédéterminé, ni soumis à quelque fin ou projet que ce soit. Plus de destin, plus de providence : certaines choses sont produites par la nécessité, mais trouée de hasards innombrables, d'autres par le hasard, mais limité par les lois de la nature (les *foedera naturae*[1]), « d'autres enfin par nous-mêmes », c'est-à-dire par « notre volonté, qui est sans maître »[2].

Tout n'est pas possible (il y a des *foedera naturae*) ; tout n'est pas nécessaire (il n'y a pas de *foedera fati*) : tel est l'espace qu'ouvre à la nature, donc aussi à chacun d'entre nous, l'*exiguum clinamen* des atomes. Rien n'est écrit à l'avance, ni soumis à quelque dieu que ce soit : c'est « par elle-même, spontanément » *(ipsa sua per se sponte*[3]*)*, que la nature éternelle s'invente un présent neuf, d'instant en instant, devenant ainsi *natura creatrix*[4]. On dira qu'à ce compte elle est Dieu. Nullement : elle n'a ni conscience ni volonté, et ne peut créer, puisqu'elle est tout, qu'elle-même – ce qui suppose qu'il s'agit moins d'une création absolue (produire quelque chose à partir de rien, ce que l'atomisme

1. Voir par exemple Lucrèce, II, 302.
2. Épicure, *Lettre à Ménécée*, 133.
3. II, 1092.
4. I, 629, II, 1116, V, 1362.

exclut) que de la production, à la fois perpétuelle et discontinue, d'imprévisibles nouveautés. La nature est libre, dit Lucrèce *(libera)*, sans maître (fût-ce elle-même, comme passé), sans dieux, sans contraintes[1].

C'est pourquoi nous sommes libres, nous aussi, comme tous les animaux[2], et cela dit assez que cette liberté ne saurait être absolue, ni transcendante, ni surnaturelle : ce n'est pas un libre arbitre, au sens qu'un Descartes ou un Kant donneront à ce mot ; c'est une spontanéité du vouloir, une inventivité du désir (il s'agit d'arracher du plaisir au destin[3]), une marge, mais toujours limitée, d'initiative ou d'écart, une puissance, mais toujours recommencée, de vouloir et d'agir, bref le pouvoir, comme dit excellemment Lucrèce, de « combattre » *(pugnare[4])*, de « résister » *(obstare[5])* et de « changer de direction *(declinamus item motus[6])*, sans être déterminés par le temps ni par le lieu mais suivant le gré de notre esprit lui-même[7] ».

Qui peut croire qu'il était écrit, de toute éternité, que j'écrirais ce livre sur Lucrèce ? J'aurais pu aussi

1. II, 1090-1104.
2. On se souvient que l'un des exemples (et le plus développé) que donne Lucrèce pour illustrer l'existence empiriquement constatable de la liberté, est celui de chevaux qui s'élancent hors de leurs stalles : II, 263-271.
3. II, 257-258. L'hésitation des éditeurs, entre *voluntas* et *voluptas* (voir le *Commentaire* d'Ernout, t. 1, p. 250-251), est ici bien caractéristique et bien vaine : toute volonté, pour un épicurien, tend au plaisir (cf. Lucrèce, II, 172).
4. II, 280.
5. *Ibid.*
6. II, 259.
7. II, 259-260.

bien ne pas naître (c'était même de très loin, dix mois avant ma naissance, le plus probable), ne pas devenir philosophe, ou écrire un autre livre. Ce n'est pas une chaîne infinie et continue de causes antécédentes (lesquelles, par définition, ne sont plus en mon pouvoir lorsque j'agis) qui m'amène à cette phrase que j'écris en ce moment, mais le hasard de ma naissance, mais ceux, innombrables, de ma vie, mille rencontres, mille influences, mille décisions miennes, mais indépendantes, au moins en partie, les unes des autres, enfin et surtout la force de mon désir *(vim cupidam*[1]*)* ou de ma volonté *(voluntas*[2]*)*, lesquels désir ou volonté peuvent aussi changer, d'instant en instant, et changent en effet, m'amenant à corriger cette phrase, à la raturer ou à en écrire une autre, toute nouvelle, qui est encore imprévisible, en droit et en fait, tant que je n'ai pas décidé de l'écrire, c'est-à-dire entrepris, dans la nature créatrice et grâce à elle, de la *créer*. C'est en quoi je suis responsable de ce que j'écris, comme de chacun de mes actes.

Est-ce à dire que tout soit clair ? Sans doute pas. On s'en rend compte lorsqu'on essaie de comprendre non plus *pourquoi* mais *comment* l'atome décline – quand on essaie de comprendre le mécanisme même du *clinamen*. Entreprise impossible, puisque ce « mécanisme » ne saurait en être un ! Rien ne bouge dans l'atome (il est absolument plein, donc sans mouvements internes). Or, c'est dans l'atome (*in*

1. II, 265.
2. II, 256-262. Voir aussi, *ibid.*, les vers 270 et 276.

seminibus[1]) que le *clinamen* agit... Le *clinamen*, comme mouvement, doit donc s'expliquer par autre chose qu'un mouvement, et ne saurait en conséquence recevoir aucune explication d'ordre mécanique, si l'on entend par là, selon le sens rigoureux du mot, une simple combinaison de déplacements. Le mécanisme de la nature (qui existe, qui dit même l'essentiel de son fonctionnement, à l'échelle macroscopique) doit s'expliquer par autre chose qu'un mécanisme (à l'échelle atomique).

Cela nous amène à la seconde objection, celle de Nizan et Mugler, qui reprochaient à la théorie de Lucrèce, on s'en souvient, de réintroduire dans l'atome une force occulte, mystérieuse, magique – un « principe spirituel », « analogue au libre arbitre », c'est-à-dire « téléologique et conscient ». Que le *clinamen* reste mystérieux, je l'accorde volontiers. « Les yeux ne peuvent connaître la nature des choses », notait Lucrèce[2], ni notre raison, ajouterais-je, la comprendre toute. Pourquoi le pourrait-elle ? L'esprit humain n'est qu'une infime partie de la nature ; il n'est pas étonnant que celle-ci, qui le contient et le dépasse infiniment, lui échappe en partie. Que tout soit rationnel, cela ne prouve pas que notre raison, en fait, puisse tout comprendre – soumise qu'elle est, donc aussi limitée par elles, aux données des sens. Épicure a franchi, par la pensée, les limites de notre monde[3] ; mais comment

1. II, 284.
2. IV, 385.
3. I, 73 (et non « de notre univers », comme Ernout l'écrit faussement pour traduire *moenia mundi*).

pourrait-il franchir celles, impénétrables, de l'atome ? Qu'il reste du mystère ou de l'inexpliqué, ce n'est donc pas étonnant. Mais que ce mystère soit d'ordre spirituel, téléologique et conscient, voilà ce qu'un épicurien ne saurait admettre. Ce que Lucrèce théorise, on l'a vu, c'est au contraire l'idée très rationnelle – peut-être d'origine aristotélicienne, mais attestée chez Épicure – que le mouvement ne peut s'expliquer, à l'infini, par le mouvement, et qu'en ce sens tout mécanisme (toute combinaison de mouvements) suppose un dynamisme (une combinaison de forces), qui l'engendre et le détermine. Ce n'est pas vrai du seul *clinamen* : le poids, qui est l'autre cause intrinsèque de mouvement, n'est pas non plus un mouvement, mais une force. C'est pourquoi je suggérais plus haut que l'atome joue, dans l'épicurisme, le rôle de premier moteur ; mais c'est un premier moteur multiple, mobile, immanent, matériel – un premier moteur anti-aristotélicien. L'atome est cause de tout, sauf du vide, donc cause aussi de tout mouvement. Le *clinamen*, comme mouvement, n'échappe pas à la règle. Il doit donc s'expliquer par autre chose qu'un mouvement : par la force singulière, compacte et impénétrable de l'atome – son *energeia*, sa *vis*[1], ce que j'appellerais volontiers, pensant à Spinoza, sa puissance d'agir ou son *conatus*…

Parce qu'elle est impénétrable, cette force est aussi, en un certain sens, inconnaissable, sinon par ses effets, et inexplicable. Rien là d'étonnant : ce qui explique tout ne saurait être intégralement expliqué.

---

1. Voir par exemple II, 64.

Aussi toute connaissance, portant sur l'atome, reste-elle partielle. D'ailleurs, dans la physique épicurienne, on ne peut parler pertinemment que des atomes en général ou « en foule » ; on ne sait rien, jamais, d'aucun atome particulier, considéré en lui-même et isolément, sinon, mais cela vaut de tous, qu'il vérifie les principes généraux de l'atomisme… De là, dans l'épicurisme, un mystère ultime, qui est celui de la matière (comme le vide, à côté, est transparent !). Comment les atomes, qui « ne changent en rien[1] », peuvent-ils, fût-ce un minimum, « changer de direction » ? Comment la « matière immuable[2] » peut-elle, d'elle-même, modifier son cours ? Bref, comment concilier la permanence et la discontinuité ? C'est le point obscur. « Pourquoi, demande Marcel Conche, une cause permanente ne se manifesterait-elle pas par des effets sporadiques[3] ? » Soit. Reconnaissons pourtant que la chose est difficile à imaginer, et même à concevoir. On évitera d'en donner une interprétation mathématique ou scientifique, au sens moderne du terme[4]. L'atome est un principe ; il est ce qui explique, comme l'avait vu Marx, point ce qu'on doit

1. *Lettre à Hérodote*, 54.

2. I, 591.

3. *Lucrèce et l'expérience*, *op. cit.*, § 9, p. 58.

4. Contrairement à la lecture à la fois brillante et erronée de Michel Serres, *La Naissance de la physique dans le texte de Lucrèce : fleuves et turbulences*, Paris, Éditions de Minuit, 1977. On se reportera avec profit, concernant cet ouvrage, au compte rendu critique qu'en a donné Marcel Conche : « Épicure et l'analyse quantique de la réalité », repris en appendice dans la dernière édition de son *Lucrèce et l'expérience*, *op. cit.*

expliquer[1]. Quant aux mathématiques, qui parlent de points ou de lignes sans superficie, elles ne parlent donc, pour un épicurien, de rien de réel[2]. Elles ne sont pas seulement inutiles au bonheur ; elles sont sans vérité. Pourquoi le réel devrait-il leur obéir ? Ce que le *clinamen* amène à penser, contre Platon et les siens, c'est plutôt un réel non mathématique et non mathématisable. Que nul n'entre ici, s'il est géomètre ! Cela, loin d'invalider la doctrine, en fait peut-être la singularité et la force. Ce qu'il s'agit de penser ensemble, c'est l'éternité *(aeterna*[3]*)* et l'atemporalité *(nec tempore certo*[4]*)* du *clinamen.* Or, pour les atomes, ces deux caractéristiques n'en font qu'une : c'est parce qu'ils sont éternels que les atomes ne subissent aucune détermination temporelle ; et la discontinuité de leur action n'est peut-être pas autre chose, mais considérée d'un autre point de vue, que cette indétermination même. L'atome n'existe qu'au présent ; or deux instants successifs du temps (qui n'est rien en lui-même) ne sont unis, exactement, par rien. Atomisme intégral : discontinuité des corps dans le vide, des mouvements dans l'espace, des instants dans le temps. D'où le mystère, inévitablement : cette discontinuité excède et notre expérience et notre langage, qui restent tous deux prisonniers des illusions, qui vont ensemble, de la temporalité (comme passage de

---

1. *Différence...*, *op. cit.*, p. 244. Voir aussi M. Conche, *Lucrèce et l'expérience*, *op. cit.*, chap. III, § 7, p. 43.

2. Voir les textes cités par M. Conche, p. 39 de son édition d'Épicure.

3. I, 539.

4. II, 293.

l'avenir dans le passé) et de la continuité. Notre raison calculante (*logismos,* dirait Épicure, plutôt que *logos*) trouve ici sa limite, dans la discontinuité sans calcul des corps aveugles *(corpora caeca, primordia caeca*[1]*),* que nous ne voyons pas.

Au reste, il ne s'agit pas, aujourd'hui, d'être épicurien ou non – en matière de physique, cela n'aurait aucun sens –, mais simplement de retenir, pour la part qui en demeure actuelle, les leçons d'Épicure ou de ses disciples. Cela vaut en particulier pour le *clinamen.* Il ne faut voir, dans cette théorie difficile et partiellement obscure, ni renoncement à la raison ni renoncement au matérialisme, mais au contraire une tentative, singulièrement audacieuse et forte, pour les concilier l'une et l'autre avec la liberté – toujours limitée, relative, partielle – que chacun éprouve, dont il n'est pas question, pour un épicurien, de douter (c'est une donnée de l'expérience) ni de mésestimer l'importance (c'est une condition de la sagesse). L'essentiel, de ce point de vue, tient en quelques mots : il n'y a ni destin ni providence ; rien n'est écrit à l'avance, ni totalement prédéterminé ; aucun dieu ne nous gouverne, et même la nature nous laisse libres – en elle, par elle – d'inventer notre avenir en changeant notre présent. C'est le cœur vivant de la doctrine. Que notre atomisme ne soit plus celui d'Épicure ou de Lucrèce, c'est une évidence. Mais qui oserait prétendre que notre liberté n'a rien à voir avec la leur ? Nous avons toujours dans le cœur, comme disait

1. I, 277 et 1110.

Lucrèce *(in pectore nostro*[1]*)*, le pouvoir de combattre, de résister, de changer, d'inventer, de créer, bref de vouloir et d'agir. Aucune philosophie, sans un tel pouvoir, ne serait possible, ni d'ailleurs nécessaire. Cette leçon-là n'a pas vieilli, et c'est une leçon, indissociablement, de courage et d'indépendance.

On objectera que le hasard ou l'indéterminisme ne font pas encore une liberté, ce qui est très vrai : il y faut en outre un choix conscient et volontaire, dont les atomes sont incapables. Ce ne sont donc pas les atomes qui sont libres (eux ne sont qu'indéterminés dans l'espace et le temps) ; c'est nous, grâce au *clinamen* mais à un tout autre niveau, qui pouvons l'être[2]. Ce n'est pas le *clinamen* qui est « téléologique et conscient » ; c'est nous, grâce au *clinamen*, qui pouvons suivre la voie – changeante et en partie indéterminée – de nos *inclinations* (comme disait parfois Cicéron pour parler du *clinamen*[3]), c'est-à-dire choisir, entre différents plaisirs possibles (car le plaisir,

1. II, 279.

2. Comme l'a bien vu, là encore, M. Conche (*Lucrèce et l'expérience*, *op. cit.*, chap. V, § 20, p. 108) : « La volonté et la liberté appartiennent à l'esprit comme tel, c'est-à-dire en tant que composé. Ce sont des propriétés structurales. La capacité de dévier appartient à chaque atome. La volonté libre n'est pas plus un ensemble de déviations atomiques que la structure n'est une somme d'éléments. Mais une certaine propriété des éléments rend possible l'émergence de cette propriété de structure que l'on appelle liberté (dans le langage du phénomène). »

3. *De natura deorum*, I, 26, 73 (*inclinatio*) et 243 (*inclinare*) : cf. le commentaire de Robin, t. 1, p. 243. Lucrèce lui-même utilise le verbe *inclinare* (II, 243).

toujours, reste la fin[1]), celui dont nous faisons, au moins provisoirement, notre but. Liberté partielle, cela va de soi : le principe de plaisir indique la direction générale, comme fait le poids pour les atomes ; nous n'avons le choix que de l'itinéraire, c'est-à-dire des buts intermédiaires, des moyens, même désagréables (que toute douleur soit un mal, cela ne signifie pas qu'elles soient toutes à éviter), enfin des écarts ou des refus, même douloureux (que tout plaisir soit un bien, cela n'entraîne pas qu'ils soient tous à rechercher[2]). Liberté d'agir ? de penser ? de vouloir ? Les trois à la fois, mais toujours dans les limites du corps, qui nous enferment moins qu'elles ne nous définissent. Comment serais-je l'esclave de mon corps, et spécialement de mon *animus* (on dirait aujourd'hui de mon cerveau), puisque je ne fais qu'un avec lui ? S'il est libre, je le suis. S'il est déterminé, je le suis également. Je suis donc l'un et l'autre. Ma liberté n'est pas un libre arbitre, qui se voudrait absolu ou totalement indéterminé. Je ne peux cesser de poursuivre le plaisir ni commander aux atomes, pas plus que les atomes ne peuvent échapper à leur poids ou aux chocs. Il faut donc renverser les affirmations de Nizan et Mugler. Ce n'est pas le *clinamen* qui est « téléologique » ; c'est la volonté qui s'explique par des causes efficientes (les atomes, le *clinamen*, les simulacres[3]). Ce n'est pas le *clinamen* qui est « conscient » ; c'est la volonté, dans son fonctionnement atomique, qui est

1. *Lettre à Ménécée*, 129.
2. *Ibid.*, 129-130.
3. IV, 877-906.

inconsciente. Ce n'est pas le *clinamen* qui est « spirituel » ; c'est la volonté qui est corporelle. Nous pouvons certes, sans être contraints ni prédéterminés, aller où nous porte notre esprit. Mais celui-ci est aussi matériel que le reste, et ne nous porte jamais que là où nous conduit le plaisir. Les manuscrits peuvent bien hésiter, pour une lettre, entre *voluntas* et *voluptas*[1] : il n'est volonté, pour un épicurien, que de volupté. Pas plus que le *clinamen* ne peut échapper à la chute (ce n'est pas un mouvement oblique), la volonté ne peut échapper au corps ni au principe de plaisir (ce n'est pas un libre arbitre). La volonté n'est donc que *partiellement* indéterminée : elle brise le destin des physiciens ; elle ne supprime ni le principe de causalité ni les lois de la nature. Elle limite la nécessité ; elle ne l'abolit pas[2]. Ce n'est pas une contingence (un néant de causalité) ; c'est une causalité discontinue et spontanée. Ce n'est pas une liberté absolue ou infinie, ni le pouvoir pour chacun de se choisir soi-même ; c'est le pouvoir de choisir nos actes, de changer (y compris de *nous* changer), de résister, d'innover, d'inventer. Ce n'est pas un libre arbitre, j'y insiste : ce n'est qu'« une marge de liberté[3] », d'ailleurs « bien étroite[4] », mais suffisante pour qui sait – grâce à Épicure – s'en servir. Ainsi Lucrèce, qui met philosophiquement ses pas dans ceux de son

1. II, 257-258, et la note d'Ernout, *ad loc.*
2. Épicure est là-dessus très clair : *Lettre à Ménécée*, 133.
3. M. Conche, *Lucrèce et l'expérience, op. cit.*, chap. V, § 20, p. 109.
4. *Ibid.*

maître[1], tout en parcourant poétiquement « les contrées inexplorées des Muses, que nul pied ne foula[2] ». Le style, toujours, est un écart ; la poésie toujours une création ou, cela revient au même, une liberté.

Declinamus item motus : « Nous changeons, nous aussi, de direction[3]... » Nous ne sommes pas prisonniers du passé, ni de notre histoire, ni donc tout à fait de nous-mêmes. Chacun a le choix, sinon de son présent, du moins du chemin qu'il y suit ou, s'il en a le courage, qu'il y ouvre. L'épicurisme, spécialement dans sa version lucrétienne, présente ainsi le cas – somme toute assez rare dans l'histoire de la philosophie – d'un matérialisme non fataliste, et même anti-fataliste : un « matérialisme de l'aléatoire », comme dira beaucoup plus tard Louis Althusser[4], qui est aussi, et surtout, un matérialisme de la liberté.

1. III, 3-4 (cf. *supra*, p. 22).
2. I, 925-926 et IV, 1-2 (cf. *supra*, p. 41).
3. II, 259.
4. L. Althusser, *Sur la philosophie*, Gallimard, 1994, p. 34 à 48 (« Philosophie marxiste ou matérialisme aléatoire ? ») ; la référence à Démocrite, à Épicure et au *clinamen* est explicite.

IX
L'histoire

Sic igitur mundi naturam totius aetas mutat.
Lucrèce, V, 834
(« Ainsi le monde entier évolue d'âge en âge »).

Dans cette série de promenades, plus ou moins longues, que j'ai entreprise à ses côtés, ou à sa rencontre, je ne me suis pas cru tenu de respecter l'ordre de Lucrèce, ni donc le « plan », comme on dirait dans les classes, de son poème. Il faut pourtant en dire un mot, pour aider le lecteur à s'y retrouver lorsqu'il se plongera, comme c'est bien sûr souhaitable, dans la lecture intégrale du *De rerum natura*. Celui-ci se compose de six chants, que la plupart des commentateurs s'accordent à regrouper deux par deux, en fonction de leur objet propre, ce qui structure l'ensemble en trois parties successives. Chacune d'entre elles commence (donc aux chants I, III et V) par un éloge d'Épicure. Ce n'est bien sûr pas un hasard. Le *De rerum* est le livre d'un disciple, qui tient à le faire savoir. Chaque nouvelle partie le rappelle, en son commencement. C'est une façon pour Lucrèce, et quel que soit l'objet dont il traite, de se placer – avec davantage d'enthousiasme que d'humilité – sous le patronage du Maître[1].

Les deux premiers livres, on vient de le voir, portent sur les atomes et le vide, autrement dit sur la nature considérée dans ses constituants essentiels, qui sont les causes premières de tout. Lucrèce y expose sa conception de la *Natura naturans*, comme dirait un spinoziste, c'est-à-dire de la nature comme cause. (Cause de quoi ? De tout, puisqu'il n'y a rien d'autre, c'est-à-dire d'elle-même comme *Natura naturata*). Disons qu'il y est question de la nature des choses, proprement, davantage que des choses de la nature. C'est ce qu'on pourrait appeler la physique fondamentale de l'épicurisme, tant d'un point de vue ontologique ou statique (livre I : les principes), que cinétique et dynamique (livre II : les mouvements, les forces). Ils correspondent à peu près à la *Lettre à Hérodote* d'Épicure.

Les deux livres suivants – que j'ai abordés dans mes chapitres V et VI – portent sur l'homme. Ils ne recouvrent que très partiellement la *Lettre à Ménécée*. Le livre III traite de l'union, ou plutôt de l'unité, de l'âme et du corps (celle-là n'étant qu'une partie de celui-ci), donc aussi et surtout de la mort, qui leur est commune. C'est ce qu'un kantien appellerait la

1. C'est le cas aussi dans le sixième chant (vers 1 à 41), qui doit sans doute ce privilège à son caractère ultime, sinon conclusif : « Il ne convenait pas que l'œuvre s'achevât sans que le Maître eût été encore une fois dignement honoré » (P. Boyancé, *op. cit.*, p. 47).

« psychologie rationnelle » de Lucrèce. Le livre IV porte sur la perception et l'imagination[1], sur la connaissance qu'elles permettent et les illusions parfois qu'elles entraînent, y compris dans le rêve et l'amour. C'est l'exposé lucrétien de ce qu'on pourrait appeler la théorie épicurienne de la connaissance, et de la méconnaissance.

Les deux derniers livres portent sur le monde (les deux premiers portaient plutôt sur l'univers), ou sur *les* mondes (il en existe une infinité), et spécialement sur le nôtre. Ils décrivent ou expliquent ce qu'un spinoziste pourrait appeler la *Natura naturata,* la Nature naturée, c'est-à-dire considérée comme effet. (Effet de quelle cause ? Des atomes et du vide, c'est-à-dire d'elle-même, puisqu'elle est tout, mais comme Nature naturante.) Il y est moins question de la nature des choses, comme dans les deux premiers livres, que des choses de la nature. Disons que c'est une espèce de physique appliquée. À quoi ? Essentiellement à ce qu'on appellerait aujourd'hui l'astrophysique, les sciences de la terre, les sciences du vivant et l'anthropologie (surtout pour le livre V), enfin à la météorologie, à la sismologie et à la médecine (surtout pour le livre VI). C'est par quoi je voudrais moi aussi terminer.

Le livre V retrace l'histoire de ce monde, le nôtre, qui correspond plutôt à ce que les physiciens d'aujourd'hui appellent l'univers ou, au minimum, notre

---

1. Spécialement sur la théorie des simulacres, dont j'ai parlé longuement ailleurs : « Lucrèce et les images de l'invisible », in *Une éducation philosophique*, Paris, PUF, 1989, p. 219 à 235.

galaxie (il inclut le soleil, la lune et les étoiles visibles). Lucrèce en explique le devenir et l'organisation, depuis sa formation, qui ne doit rien aux dieux, jusqu'à sa fin certaine, dont nous ne pouvons connaître la date. Cela passe par son fonctionnement – le mouvement des astres, l'alternance du jour et de la nuit, les éclipses… –, de même que par l'histoire des vivants et, spécialement, des humains. Ce chant V, le plus long du poème, recouvre par là, lui aussi, une petite partie de la *Lettre à Hérodote*. C'est la cosmologie de Lucrèce, qui inclut une bonne part de son anthropologie et de sa philosophie de l'histoire. Aucune providence, ici pas plus qu'ailleurs, aucun finalisme, aucune théodicée. L'histoire fait partie de la nature. La nature (ou plutôt chaque monde, dans la nature) a une histoire. J'y reviendrai dans un instant.

Le livre VI, sur lequel je passerai plus rapidement, prolonge cette cosmologie, en traitant de ce qu'Épicure, dans sa *Lettre à Pythoclès*, appelait « les météores », c'est-à-dire tous les phénomènes qui se déroulent dans le ciel (le tonnerre, la foudre, les nuages, les arcs-en-ciel…), mais aussi sur terre, voire sous terre, dès lors qu'ils passent pour particulièrement mystérieux ou inquiétants (les tremblements de terre, les volcans, les aimants, les épidémies…). Le but de Lucrèce, à chaque fois, est de montrer qu'il n'y a rien, dans ces phénomènes, de surnaturel, de magique, ni même d'intrinsèquement mystérieux : tout cela s'explique rationnellement, naturellement (*Omnia quae naturali ratione geruntur* : « tous ces faits n'ont d'autre raison que naturelle[1] »), sans aucun recours aux dieux ni aux mythes. Lucrèce, fidèle là encore à la canonique épicurienne, raisonne par analogie : s'agissant de phénomènes lointains, inaccessibles à une confirmation sensorielle directe, il convient de s'appuyer sur les phénomènes plus familiers ou plus accessibles pour comprendre comment les mêmes causes, ou des causes comparables, peuvent agir dans les deux cas. C'est parier sur l'homogénéité de la nature et sur la constance de ses lois (les *foedera naturae*). Mais c'est moins un pari qu'un constat, que notre expérience la plus fiable et les principes de l'atomisme suffisent à confirmer. La nature et la raison sont unes. Cela n'empêche pas que des causes différentes, pour un même phénomène, soient également possibles, mais exclut qu'elles soient d'un tout autre ordre que celles que nous connaissons. Aussi importe-t-il moins de trouver la bonne explication (c'était d'ailleurs, du temps de Lucrèce, le plus souvent impossible) que de montrer qu'il en existe une, ou plusieurs, qui peuvent suffire à expliquer le phénomène en question. Dès lors qu'il ne s'agit pas des principes fondamentaux de l'atomisme, Lucrèce, comme déjà Épicure, se plaît en effet à multiplier les hypothèses[2]. Une fois que l'essentiel est assuré (primat de la physique : tout est naturel, matériel, rationnel), la connaissance des détails n'importe guère. De là ce que le jeune Marx appelait « la nonchalance sans

1. VI, 760.
2. Lucrèce s'en explique au livre V, vers 526 à 533. Épicure, dans sa *Lettre à Pythoclès,* procédait de même.

borne » d'Épicure, dans l'explication des divers phénomènes naturels[1]. Mais cette nonchalance, chez Lucrèce, se fait pleine d'ardeur, d'obstination, de violence parfois. La physique est un combat. Il s'agit moins de science que de rationalisme, moins de faire avancer la connaissance que de faire reculer la superstition. Primauté de l'éthique : le but est de combattre la peur, ou plutôt – car certains de ces phénomènes sont effectivement dangereux – de combattre l'angoisse qui s'y ajoute et la redouble, laquelle relève de l'imaginaire et, presque toujours, de la religion. C'est pourquoi sans doute Lucrèce s'attarde si longuement sur le tonnerre, les éclairs et la foudre (plus de 300 vers). L'importance objective des phénomènes importe moins que leur charge d'angoisse ou de religiosité potentielles – or la foudre, dans l'Antiquité, était l'apanage de Zeus ou Jupiter[2]. C'est toujours le combat pour les Lumières et pour la paix de l'âme. La connaissance et la sérénité vont ensemble ; ensemble l'ignorance et la peur. On croirait parfois entendre Spinoza, dénonçant la prétendue « volonté de Dieu, cet asile de l'ignorance[3] » :

1. K. Marx, *Différence...*, *op. cit.*, p. 232. L'expression est bien sûr exagérée : l'atomisme, pour Épicure, fixe les bornes de toute explication possible.

2. C'est le cas par exemple dans le très fameux *Hymne à Zeus* du stoïcien Cléanthe : « Zeus bienfaiteur, seigneur des sombres nuées et de la foudre éclatante... » (Stobée, I, 25, *SVF* I, 537, *Les Philosophies hellénistiques*, *op. cit.*, 2001, t. II, p. 366).

3. *Éthique*, I, Appendice.

Si tout ce que l'on voit sur terre et dans le ciel
Plonge tant de mortels dans un effroi stupide,
Les font s'humilier dans la crainte des dieux,
S'abaissant jusqu'au sol, c'est que leur ignorance
Des causes les contraint à tout confier aux dieux,
Comme à des souverains qui règnent sur le monde.
Ce qu'ils ne peuvent pas expliquer par ses causes,
Ils en voient la raison dans la force des dieux[1]...

Cela peut arriver même à des esprits cultivés, qui ont lu Épicure, qui ont appris que les dieux vivent en paix, sans se soucier de nous. Confrontés à ces grands phénomènes « qu'ils voient se dérouler au-dessus de leurs têtes », les voilà qui régressent,

Retombant à nouveau dans les vieilles croyances,
Se livrant tout entiers à des maîtres cruels
Et qu'ils croient tout-puissants ! C'est qu'ils ne savent [pas
Ce qui peut exister ou non, ni quelles lois
Imposent une borne au pouvoir de chaque être.
Ils errent dans la nuit d'une raison aveugle[2].

C'est que la raison n'est lumière qu'à la condition d'être elle-même éclairée, et que la vérité seule y parvient, qu'il ne suffit pas de lire ou d'écouter une fois, en passant, mais dont il faut s'imprégner longuement, patiemment, obstinément… Méditer jour et

1. VI, 50-57 (qui reprend en partie un passage du chant I, vers 151 à 154).

2. *Ibid.*, 62-67.

nuit, disait Épicure[1]. La sagesse, pour l'individu, demande du temps. Sa découverte, pour l'humanité, plus encore. Car cette vérité à la fois libératrice et pacificatrice que nous devons à Épicure, elle est certes éternelle, en tant que vérité, mais n'en est pas moins historique, en tant que découverte. Celle-ci ne s'est pas faite d'un coup. Épicure n'aurait pas été possible à n'importe quelle époque, ni en tout pays, ni peut-être sans les précédents glorieux d'Empédocle et de Démocrite[2]. C'est où l'histoire intervient. Aussi le livre VI commence-t-il par un éloge d'Épicure, comme les livres I, III et V, mais également, c'est plus singulier, par un éloge d'Athènes. Déjà, au début du premier chant, Lucrèce avait noté la grécité d'Épicure *(Primum Graius homo mortalis*[3]*),* où l'on a pu voir comme un hommage, dans la bouche d'un Romain, à la Grèce tout entière, patrie de la philosophie. L'éloge d'Athènes, au chant VI, est plus explicite. Cette ville « au nom très illustre » n'a pas seulement inventé les moissons et les lois (c'est-à-dire, par métonymie, la civilisation véritable) ; elle a aussi engendré « l'homme au vaste génie » qui sut offrir aux mortels « le doux réconfort » de la vérité[4].

1. *Lettre à Ménécée*, 135.

2. Sur Empédocle, voir I, 716-762 ; sur Démocrite, III, 371 et V, 621-628.

3. I, 66 (« le premier, un Grec, un homme, un mortel ») ; cf. *supra*, p. 53.

4. VI, 1-8. L'attribution à Athènes de l'invention des moissons et des lois est bien sûr légendaire. Il n'est d'ailleurs pas impossible qu'il en aille de même de la naissance prétendument athénienne d'Épicure : celui-ci passa son enfance à Samos, petite île de la

Triple progrès, donc, que l'on doit aux Grecs : un progrès technique et économique (les moissons) ; un progrès politique (les lois) ; un progrès philosophique (Épicure). La nature n'est pas tout. Ou plutôt elle est *le* tout, mais inclut à ce titre une histoire, qui la transforme, au moins à notre échelle, et l'améliore, au moins de notre point de vue. Il n'y a pas de sagesse du monde[1] : il n'est sagesse que de l'homme, et à partir seulement d'un certain niveau de civilisation. C'est là une dimension importante, qu'on oublie trop souvent d'évoquer quand on parle de l'épicurisme : une dimension historique et au moins partiellement progressiste, qui vient nuancer l'apolitisme bien connu du maître en même temps que le pessimisme de son disciple. Les atomes et le vide sont éternels ; mais eux seuls le sont. Tout le reste – chaque monde, et chaque être dans chaque monde – est soumis au

mer Égée, proche de l'actuelle Turquie, et plusieurs sources semblent indiquer qu'il y est né. Mais Épicure était bien citoyen athénien, de même que son père, et passera à Athènes (où il installe son école en 306 avant J.-C.) l'essentiel de sa vie.

1. L'expression, pour un épicurien, serait d'ailleurs vide de sens. Comme le remarque Rémi Brague, les épicuriens (au même titre que les cyniques, les cyrénaïques, les sceptiques…) ne prennent nullement modèle sur un prétendu ordre du monde, auquel ils ne croient pas ou ne donnent qu'un sens purement factuel, local et provisoire : « Dans la tradition épicurienne, le monde est ce sur quoi il ne faut pas compter. La sagesse humaine n'y est pas sagesse du monde. Il faut une sagesse radicalement non cosmique. Chez Épicure, l'accent mis sur l'amitié *(philia)* n'est pas qu'une exhortation à la concorde ; elle implique que l'accord entre les hommes est plus important que la correspondance avec les réalités cosmiques » (*La Sagesse du monde*, Paris, Fayard, 1999, p. 56).

temps, au devenir, à la mort, certes, mais donc aussi à l'histoire, ce qui offre, parfois, la possibilité d'un progrès au moins provisoire.

Il y a là comme une constante du matérialisme, qui l'oppose bien clairement à la religion. Jean-Marie Guyau, dans son admirable livre sur *La Morale d'Épicure*, l'avait bien vu. Si le monde est créé par un ou plusieurs dieux, il n'est guère vraisemblable qu'il puisse progresser. Comment ferions-nous mieux que celui ou ceux qui nous ont créés ? Les religions pensent la chute, plutôt que le progrès :

> « Croire au progrès, c'est croire à l'infériorité du passé par rapport au présent et à l'avenir… La plupart des religions, au contraire, placent à l'origine des choses une toute-puissance façonnant le monde et l'homme à son image ; on comprend alors difficilement un monde qui, dès son origine et sortant des mains du créateur, serait imparfait et mauvais. Il semble que, pour chercher le bien, il faut se retourner plutôt vers le commencement des choses, vers l'époque où le monde était en quelque sorte plus divin, étant plus jeune. Remonter les âges, c'est se rapprocher de Dieu… Toute religion tend ainsi à devenir l'adoration du passé. »

C'est ce que le matérialisme refuse, depuis Démocrite ou Épicure, et qui le voue, quelles que soient les positions politiques de tel ou tel, à une espèce de progressisme et d'humanisme au moins philosophiques. Être matérialiste, c'est penser le progrès plutôt que la chute :

« Au contraire, une fois la religion écartée, on ne peut guère concevoir de théorie du monde qui n'ait pour principe ou pour conséquence la croyance à une évolution, à un progrès lent dans le temps... Du moment où l'homme ne reçoit pas des mains d'un Dieu créateur sa civilisation toute faite, il faut qu'il la fasse lui-même avec le temps... Ainsi toute théorie non religieuse du monde suppose comme corollaire et comme confirmation une histoire des progrès de l'homme... L'idée de progrès vient s'opposer à celle de création[1]. »

On pense au bel ouvrage de Condorcet, écrit dans la clandestinité, sous la Terreur : *Esquisse d'un tableau historique des progrès de l'esprit humain...* C'est un titre qu'on pourrait aussi donner, rétrospectivement, au livre V de Lucrèce. Les enjeux, bien sûr, sont différents : moins scientifiques chez Lucrèce que chez Condorcet, et davantage éthiques que politiques. L'idée de progrès, au moins à titre rétrospectif (on ne trouve pas, chez Lucrèce, l'équivalent de la dixième section de Condorcet, sur « les progrès futurs de l'esprit humain »), n'y joue pas moins un rôle important. Que « toute théorie non religieuse du monde suppose comme corollaire et comme confirmation une histoire des progrès de l'homme », Lucrèce, dans son avant-dernier chant, en fournit une brillante illustration. Non, certes, par optimisme ! Notre monde, comme tous les autres, annonce-t-il, est destiné à périr (seul l'univers est éternel). Les terres ? Les mers ? Le ciel ?

1. J.-M. Guyau, *La Morale d'Épicure et ses rapports avec les morales contemporaines*, Paris, Alcan, 1878 (l'auteur, qui mourra dix ans plus tard, n'avait alors que 24 ans).

Un seul jour suffira pour les détruire : alors
S'écroulera le vieil édifice du monde[1].

Quand ? On ne peut le savoir. Lucrèce, sans le souhaiter, n'exclut pas que Memmius et lui en soient les témoins :

Peut-être verras-tu la preuve de mes dires,
D'énormes tremblements de terre tout détruire,
Le monde en un instant s'effondrer sous tes yeux.
Mais puisse la fortune éloigner ce péril !
Que la raison, plutôt que les faits, nous convainque
Que tout peut disparaître en un fracas horrible[2] *!*

La terre ni le ciel ne sont d'essence divine. Pourquoi seraient-ils indestructibles ? Le monde n'est pas Dieu, quoi qu'en aient pensé les stoïciens, et les dieux ne l'ont pas créé : notre monde, comme tous les autres, n'est qu'un amas d'atomes, provisoirement assemblés et agencés. D'ailleurs, ajoute Lucrèce,

Même si j'ignorais les principes des choses,
J'oserais soutenir, observant notre monde,
Qu'il n'a pas été fait pour nous par quelque dieu :
Tant il est imparfait et rempli de défauts[3] *!*

Et d'évoquer, comme tant d'autres avant et après lui, les innombrables figures du mal, depuis les bêtes

1. V, 95-96.
2. V, 104-109.
3. V, 195-199.

féroces jusqu'aux épidémies, en passant par les duretés du climat, les fatigues du travail, notamment agricole (pourquoi les ronces poussent-elles si facilement, pourquoi le blé si difficilement ? pourquoi le gel, la sécheresse, les inondations, les tempêtes ?), sans oublier « la mort prématurée » et la détresse des enfants[1]…

Aucun optimisme de principe, donc. Lucrèce est à l'opposé d'un Leibniz : ce monde, assurément, n'est pas le meilleur des mondes possibles ! Comment le serait-il ? Il n'est qu'un fruit du hasard :

Ce n'est pas en suivant un dessein réfléchi
Que les atomes sont venus prendre leur place.
Ils n'ont pas concerté entre eux leurs mouvements.
Mais innombrables, mais diversement heurtés
Par d'autres, entraînés toujours par leur poids propre,
Par les chocs, ils ont pu, dans le temps infini,
S'unir dans tous les sens, essayer tous les corps
Qui pouvaient résulter de leurs combinaisons.
Au bout d'un temps immense, à force d'errer tous,
D'essayer tellement d'unions, de mouvements,
Ils constituent enfin tous ces corps composés,
Qui soudain réunis en forment de plus grands :
La terre, la mer, le ciel, les êtres vivants[2]*…* »

Pas d'ordre préconçu, pas de « dessein intelligent », comme on dirait aujourd'hui. Des dieux ? Un

1. V, 200-234. Sur le travail, voir aussi les vers 808-817 du livre VI, qui décrivent, mais d'un autre point de vue, l'effrayante condition des mineurs.

2. V, 419-431.

démiurge ? On n'en a pas besoin. Dans un temps infini, des atomes infiniment nombreux se combinent d'une infinité de manières : ils ne peuvent manquer de réaliser une infinité de choses, et même, à la limite (qu'ils n'atteindront jamais), tout le possible. Or, que notre monde soit possible, comme une infinité d'autres, voilà qui est indéniable, puisqu'il est réel. C'est le contraire d'une providence. Le réel commande et suffit, sans ordre préconçu, sans projet, sans finalité – sans sujet ni fin. C'est ce qu'on peut appeler le hasard, qui n'est pas l'absence de causes mais leur pluralité irréductible et désordonnée – non une contingence, mais une causalité multiple, aveugle et discontinue, donc aléatoire. Comme l'a très bien écrit Marcel Conche, « l'ordre n'est qu'un cas particulier du désordre[1] », qu'une réussite à la fois improbable (à chaque instant) et inévitable (dans un temps infini) de rencontres aléatoires. Ainsi « le hasard produit tout et même son contraire : le monde issu du chaos primitif, dès lors qu'il s'est organisé, se trouve assujetti à des lois de structure et d'évolution[2] ». C'est en quoi il a une histoire, qui n'est ni intégralement nécessaire (l'aléatoire demeure au niveau atomique, donc aussi, au moins en partie, au niveau macroscopique : les *foedera naturae* ne sont pas des *foedera fati*) ni totalement incompréhensible. Cette histoire, on peut la reconstituer à peu près, et Lucrèce, dans son livre V, s'y essaie. Explications naïves ? Il le faut bien. La connaissance n'avance, comme dit Lucrèce, que pas

1. *Lucrèce et l'expérience, op. cit.*, VI, § 21, p. 112.
2. *Ibid.*

à pas *(pedetemptim progredientis*[1]*)*. Mais pas plus naïves que celles de Platon ou d'Aristote (dont Lucrèce se distingue par le refus de tout finalisme, de tout idéalisme, de toute transcendance), et tellement moins que celles d'Hésiode, de la Bible ou du Coran ! S'agissant en particulier de l'apparition de la vie, Lucrèce pense qu'elle naît spontanément, à partir de la terre, dès lors que la chaleur et l'humidité s'y prêtent : d'abord les herbes de toutes espèces, explique-t-il, puis les arbres, puis les animaux... C'est une sorte de génération spontanée, mais primordiale, en un temps où la terre était plus féconde qu'aujourd'hui :

C'est donc très justement que la terre a reçu
Son nom de mère : elle a produit le genre humain
Et tous les animaux, espèce par espèce,
Ceux qui vont s'ébattant sur les hautes montagnes,
Autant que les oiseaux qui volent dans les airs.
Mais il y a un terme à la fécondité :
Notre terre, vieillie, dut cesser d'enfanter.
Tout change avec le temps, et le monde lui-même :
Sans cesse du nouveau succède à de l'ancien,
Rien ne reste identique à soi, tout passe, tout
Change, tout évolue au sein de la nature.
Un corps se putréfie à force de vieillesse,
Un autre sort de l'ombre et grandit à sa place.
Ainsi le monde entier évolue d'âge en âge ;
La terre sans arrêt va d'état en état,
Stérile du passé, féconde en avenir[2] *!*

---

1. V, 533 et 1453.
2. V, 821-836.

On voit que le matérialisme, ici, est moins philosophie de la mort que philosophie du changement, du devenir, de l'impermanence (ou que la mort, pour tout vivant, n'est que l'impermanence à la première personne). Cela vaut en particulier pour les espèces animales : elles évoluent, elles aussi, soumises qu'elles sont à ce qu'il faut bien appeler, sans craindre l'anachronisme, une sélection naturelle. Lucrèce, certes, n'est pas Darwin ; mais il anticipe, à certains égards, sur le darwinisme. Il voit bien que l'évolution ne va pas sans sélection : la vie propose ; la mort dispose. Aucun finalisme, ici non plus : ce n'est pas pour voir que nous avons des yeux ; c'est parce que nous avons des yeux que nous voyons. L'organe crée la fonction, non l'inverse[1]. Que tout vivant soit adapté à son environnement, on a tort de s'en étonner : il aurait autrement disparu. On ne voit de la vie que ses réussites, qui laissent croire, faussement, qu'elle y tendait, ou qu'un dieu les visait. Il n'en est rien. Ni plan, ni projet. Juste la fécondité aléatoire et sélective de la nature. Juste des essais innombrables et aveugles, souvent stériles, parfois féconds. Juste l'obstination des vivants. Le hasard essaie tout le possible ; le sexe et la mort font le tri. C'est comme une lutte pour la vie : toute espèce vivante doit sa perpétuation à quelque avantage sélectif ; à l'inverse, beaucoup d'espèces ont disparu, explique Lucrèce, faute de pouvoir

Vivre jusqu'à la fleur tant désirée de l'âge,
Trouver leur nourriture ou s'unir par Vénus...

1. IV, 823-857.

Beaucoup d'espèces ont péri, qui n'ont pas pu
Sauver leur descendance en se reproduisant.
Car celles que tu vois profiter de la vie,
C'est leur propre ruse, ou leur force, ou leur vitesse,
Qui les ont protégées, préservant leur lignée.
Beaucoup d'autres aussi, que leur utilité
Nous pousse à élever, survivent grâce à nous...
Mais les bêtes qui n'ont reçu de la nature
Ni les moyens de vivre en liberté ni ceux
De nous rendre service et de gagner ainsi
Le droit de vivre en paix sous notre protection,
Celles-là constituaient une proie trop facile,
Entravées par les liens de leur propre destin,
Jusqu'à l'extinction de toute leur espèce[1]. »

L'humanité, de ce point de vue, n'est qu'une espèce animale parmi d'autres, née de la terre, et qui doit lutter, elle aussi, pour sa survie. Lucrèce dresse un tableau assez saisissant de ce que dut être la vie des premiers hommes, que nous appelons, nous, préhistoriques, faute d'en pouvoir reconstituer précisément l'histoire. Le poète, qui ne le peut pas davantage, les imagine plus rudes et plus forts que nous ne sommes, vivant de chasse et de cueillette. Point de rêveries bucoliques. L'état de nature, chez Lucrèce, est le contraire d'un âge d'or :

Depuis des lustres et des lustres, les humains
Traînaient leur vie errante, à la façon des bêtes.
Aucun n'usait sa force à guider la charrue ;

1. V, 847-877.

Personne ne savait labourer par le fer,
Ni planter dans le sol de tendres jeunes pousses,
Ni tailler à la serpe aucune branche morte.
Ce que les pluies, la terre et le soleil offraient,
Cela leur suffisait pour calmer leurs désirs. [...]
Ils ne savaient encore utiliser le feu,
Ni même se vêtir avec des peaux de bêtes.
Les grottes, les forêts étaient leurs seuls logis ;
Ils enfouissaient leurs corps rugueux dans des [broussailles
Pour s'abriter des coups de la pluie et du vent.
Ils ne tendaient jamais à quelque bien commun ;
Ils n'observaient entre eux ni coutumes ni lois.
Chacun prenait la proie que le hasard offrait,
Ne sachant qu'être fort, ne vivant que pour soi.
Et Vénus dans les bois accouplait les amants.
Telle femme cédait à un désir mutuel,
Telle autre à la violence impulsive de l'homme,
Ou à quelque cadeau, glands ou poires choisies[1]...

La civilisation n'a vraiment commencé que plus tard. Comment ? D'abord, chez Lucrèce comme chez Marx, par des progrès techniques : les hommes, peu à peu, apprennent à construire des huttes, à se vêtir de peaux de bêtes, à maîtriser le feu... Mais aussi et surtout par un changement des mœurs. Les femmes ne s'unissent plus qu'à un seul homme (pourquoi ? Lucrèce ne le dit pas), inventant ainsi le couple, donnant un père aux enfants et une famille à l'homme. L'humanité en sort transformée, ou plutôt devient

1. V, 931-965.

humaine, au sens normatif du terme. Elle entre peu à peu dans le champ de la morale, qui vient complexifier – non certes abolir – celui de l'intérêt personnel. La compassion, chez Lucrèce comme chez Rousseau ou Schopenhauer (et davantage, semble-t-il, que chez Épicure), joue ici un rôle majeur. Mais elle n'est pas un instinct, ni une donnée purement naturelle. C'est un sentiment acquis, on voudrait presque dire une vertu, dont il semble, à lire notre poète, qu'elle n'existerait pas (en tout cas chez les mâles ?) sans l'invention préalable du couple et de la famille. Il y a là une dimension affective, peut-être propre à Lucrèce, qui n'annule pas la théorie contractualiste et utilitariste d'Épicure (pour lequel la justice n'est qu'un contrat « en vue de ne pas se nuire mutuellement[1] »), mais qui s'y ajoute et la transforme. C'est une idée qu'on retrouvera, beaucoup plus tard, chez Auguste Comte. La société n'est pas d'abord un rassemblement d'individus solitaires, comme le voulait Rousseau ; c'est un rassemblement de familles, qui tend à la protection des plus faibles et des plus aimés, c'est-à-dire, en premier lieu, des enfants. Cela donne tort à Nietzsche[2], et raison à la civilisation. C'est où l'on

1. *Maximes capitales*, XXXI à XXXVIII. La théorie lucrétienne du contrat social, ou de ce qui en tient lieu, semble accorder davantage d'importance à la dimension familiale et affective : voir à ce propos les éclairantes remarques de Léon Robin, dans le *Commentaire du De rerum natura*, t. 3, p. 138-139.

2. Voir M. Conche, *Le Fondement de la morale*, Paris, PUF, 1993, Introduction, p. 22. Citant son *Lucrèce et l'expérience*, qui résume sur ce point la théorie de Lucrèce, l'auteur ajoute : « Tout cela, disons-le en passant, fait songer *a contrario* à Nietzsche et

sort – grâce à l'amour et à la pitié, grâce aux femmes et aux enfants – de la sauvagerie initiale :

Alors le genre humain perdit de sa rudesse.
La maîtrise du feu rendit leurs corps frileux ;
Le seul abri du ciel ne leur suffisait plus.
Vénus les adoucit ; et leurs tendres enfants
Surent apprivoiser leur naturel sauvage.
Alors entre voisins une amitié put naître,
Afin de s'éviter tout dommage mutuel.
Ils se confiaient entre eux les enfants et les femmes,
Indiquant vaguement, par des cris et des gestes,
Qu'il était bon que tous aient pitié des plus faibles.
Non pourtant que l'entente ait pu naître partout ;
Mais la plupart d'entre eux respectaient ces accords ;
Sinon le genre humain eût péri tout entier,
Sans pouvoir jusqu'à nous mener sa descendance[1].

De la compassion *(misererier*[2]*)* et de l'amitié *(amicitiem*[3]*)* comme avantages sélectifs… Mais ni l'une ni l'autre n'existeraient sans la filiation et la famille.

Ce n'était qu'un début. Vivant en société, même élémentaire, les premiers hommes continuent

fait signe vers quelques-unes de ses erreurs : quelle que soit la valeur de son opposition entre une morale "de maîtres" et une morale "d'esclaves", il faut soigneusement distinguer les *esclaves* et les *faibles*, car les faibles par excellence sont les enfants, qui ne sont nullement, comme tels, esclaves, ni ne sont, pour les forts, généralement objets de mépris, mais, le plus naturellement, objets d'amour (désintéressé car aléatoire est leur reconnaissance). »

1. V, 1014-1027.
2. V, 1023.
3. V, 1019.

d'évoluer. Leurs cris peu à peu se précisent, se différencient, se fixent, comme on voit chez certains animaux, enfin se transmettent, par l'éducation, de génération en génération : ils inventent lentement le langage, de façon naturelle et collective (sans l'aide des dieux, donc, et sans qu'aucun individu puisse en être considéré comme l'inventeur). Ils apprennent pareillement à maîtriser le feu, qu'ils pouvaient recevoir de la foudre ou du frottement de deux branches. Ils découvrent, grâce à d'immenses incendies, qu'on peut fondre les métaux et en faire des alliages ; ils s'en servent pour forger des armes et des outils. Ils apprennent à utiliser des chevaux et des bœufs à la guerre. Ils inventent la couture, puis le tissage. Ils apprennent, prenant modèle sur la nature, à semer, à marcotter, à greffer. Ils défrichent des forêts, surtout en plaine, plantent des céréales, des vignes, des oliviers. Imitant les oiseaux et le vent, ils apprennent à siffler, à chanter ; ils créent des pipeaux, des flûtes, de la musique… On sent chez Lucrèce, comme plus tard chez Rousseau, un peu de nostalgie pour cet état intermédiaire. Ce n'est plus la sauvagerie. Ce n'est pas encore le luxe et la démence qu'il connaît de son temps.

Nos ancêtres savaient cultiver ces plaisirs ;
Quand la faim est vaincue, on aime à se distraire.
Souvent, à quelques-uns, couchés sur l'herbe tendre,
Au bord d'une rivière, à l'ombre d'un grand arbre,
Ils pouvaient sans grand frais se donner du plaisir,
Surtout lorsque le ciel sur eux leur souriait,
Quand le printemps semait ses fleurs dans la prairie.

C'était l'heure des jeux, des causeries, des rires,
L'heure où la Muse agreste entre eux s'épanouissait.
La tête couronnée de feuilles et de fleurs,
Suivant les impulsions de leur gaieté folâtre,
Ils dansaient gauchement, sans cadence précise,
Frappant de leurs pieds lourds la terre maternelle.
Cela les faisait rire et les mettait en joie.
Tout leur était nouveau ; tout leur était merveille[1].

Nous en sommes loin, pense déjà Lucrèce. C'est qu'il est beaucoup plus près de nous, y compris chronologiquement, que d'eux. Ce qu'il décrit là, à sa manière, c'est la révolution néolithique, que nous pouvons, mieux que lui, dater à peu près : cela se passait quelque huit mille ans plus tôt, sans doute au Proche-Orient, dans ce qu'on appelle le croissant fertile, quelque part entre la Méditerranée et le golfe Persique ; cela atteint la Grèce vers 6500 av. J.-C., et l'Italie, semble-t-il, vers 5500 av. J.-C.[2]... Les hommes passent de la pierre taillée à la pierre polie, et surtout d'une économie de prédation (chasse et cueillette) à une économie de production (agriculture, élevage, poterie, métallurgie), qui suppose presque toujours leur sédentarisation. C'est l'époque des premiers villages, des premiers champs, des premiers troupeaux domestiques, des premières céramiques,

1. V, 1390-1404.

2. J'emprunte ces datations, bien sûr approximatives, au passionnant ouvrage de Jared Diamond, *De l'inégalité parmi les sociétés (essai sur l'homme et l'environnement dans l'histoire)*, 1997, trad. franç., P.-E. Dauzat, Paris, Gallimard, 2000, p. 98 et 188-189).

plus tard des tout premiers outils en bronze puis en fer... Inutile de dire que cela ne ressemblait guère à la Rome – à la fois surpuissante et en crise, raffinée et brutale, incroyablement riche et inégalitaire – que connaissait Lucrèce ! La ville a été fondée, semble-t-il, quelque sept siècles auparavant. Elle n'a cessé de se développer, de s'enrichir, de se renforcer, jusqu'à conquérir, du temps même de la république, un empire. À elle seule, la Ville comptait, du temps de Lucrèce, près d'un million d'habitants. Elle était dans un état, depuis des décennies, de quasi-guerre civile, tantôt larvée, tantôt violente. C'est le temps de Catilina, de Spartacus, de Pompée, de César... L'état de nature est loin. La naïveté des premières civilisations aussi. Les hommes, entre temps, ont inventé le pouvoir (sous la forme d'abord de la royauté), les villes, la propriété privée, les révolutions (ils renversent leurs rois), le droit (qui s'impose, comme chez Hobbes, parce que les hommes sont las de la violence), la religion, avec son cortège de superstitions, d'effrois, d'horreurs, enfin le luxe et la richesse, donc aussi l'envie, l'avidité, l'angoisse[1]. Le temps semble s'accélérer. Ce ne sont que les hommes qui s'agitent. À peine leurs premiers besoins satisfaits, ils désirent autre chose ; ils courent après la nouveauté, le luxe, le prestige. Ils en veulent toujours plus ; comment seraient-ils satisfaits ?

Ce qu'on a sous la main, si nous ne connaissons
Rien encor de meilleur, suffit à nous combler ;
Mais qu'on découvre alors quelque chose de mieux,

1. V, 1105-1435.

Le nouveau tue l'ancien, nous dégoûte de lui.
On se lassa du gland ; on délaissa les couches
Faites d'herbe entassée ou garnies de feuillages ;
On méprisa les peaux de bêtes, vêtement
Pourtant si fort envié, lors de son invention,
Qu'on dut faire tomber son premier possesseur
Dans quelque guet-apens, l'assassiner pour rien,
Son vêtement sanglant déchiré en tous sens...
Alors c'étaient les peaux, aujourd'hui l'or, la pourpre,
Qui plongent les humains dans l'envie et la haine.
C'est donc en nous, je crois, qu'est la plus grande [faute.
Car tant qu'ils allaient nus, le froid les torturait ;
Alors qu'aucun de nous ne ressent de souffrance
À n'être pas vêtu de pourpre brodée d'or,
Pourvu qu'un chaud tissu plébéien nous protège.
Ainsi le genre humain travaille en pure perte
Et consume son temps en soucis inutiles.
C'est qu'il ne connaît pas de borne à son désir,
Ni ne sait jusqu'où va le plaisir véritable.
Voilà ce qui sema peu à peu la tempête
Et déchaîna sur nous les orages des guerres[1].

Lucrèce pacifiste et adepte de la décroissance ? Pacifiste, c'est sûr[2] ; adepte de la décroissance, ce

1. V, 1412-1435. Voir aussi les vers 999-1010.

2. Le pacifisme, pour un épicurien, faisait partie de la doctrine, mais prend, chez Lucrèce, des accents particulièrement appuyés : voir J. Salem, *La mort n'est rien pour nous*, *op. cit.*, p. 61 à 66 (« Le pacifisme épicurien »). Pierre Grimal notait déjà que l'épicurisme romain a su « contribuer pour une large part à l'établissement de la valeur romaine suprême, la *pax romana*, qui reste le grand honneur de cette civilisation » (« L'épicurisme romain »,

serait assurément, outre l'anachronisme, se méprendre. Lucrèce, s'il lui arrive de regretter la simplicité des premières civilisations, sait bien qu'il est exclu d'y retourner, et d'ailleurs ne le souhaite pas. L'histoire de l'humanité, malgré tant d'horreurs, est plutôt celle de ses progrès, qui culmine dans une avancée décisive, sur quoi s'ouvrira le chant VI, qui est la découverte, par Épicure, de la nature des choses, de la limite des plaisirs, donc aussi des désirs et des craintes raisonnables, enfin de la voie qui mène au souverain bien, c'est-à-dire au bonheur ou à la sagesse. La préhistoire, par définition, est terminée (depuis l'invention de l'écriture, suggère Lucrèce), et il n'est pas question d'y revenir ! Aucune sagesse alors n'était possible, et même Épicure, sans doute, n'aurait pu percer, en ces temps obscurs, les secrets de la nature et de l'homme. D'ailleurs, qui pourrait revenir en arrière, même s'il le voulait ? Le passé est irrévocable *(inreuocabilis*[1]*)* : il ne reviendra pas, ni ne pouvons y retourner. Aucun salut derrière nous, donc. Il s'agit plutôt d'avancer, comme l'humanité n'a cessé de faire, et d'autant plus, ou d'autant mieux, depuis qu'Épicure nous indique le chemin. Lucrèce, quel que puisse être par ailleurs son pessimisme personnel ou métaphysique, ne cède pas sur cette vision malgré tout progressiste de l'histoire. C'est sur elle au contraire qu'il conclut son chant V, dont voici les tout derniers vers :

---

dans les *Actes du VIII*[e] *Congrès de l'Association Guillaume Budé*, *op. cit.*, p. 168). Voir aussi C. Martha, *op. cit.*, p. 42-43.

1. I, 468.

Mais ces astres vigies, le soleil et la lune,
Trouant l'immensité qui tourne sur nos têtes,
Apprirent aux humains le retour des saisons
Et l'ordre rationnel qui mène toutes choses.
Déjà de fortes tours les mettaient à l'abri ;
Ils cultivaient la terre en lopins séparés ;
La mer était fleurie des voiles des navires ;
On scellait des traités de secours ou d'alliance ;
Les poètes alors chantèrent les exploits ;
Ce n'est guère plus tôt que l'écriture est née.
Ce qui advint avant, on ne peut le savoir,
Sinon par la raison qui en piste les traces.
Les bateaux, les labours, les murailles, les lois,
Les armes, les routes, les vêtements, enfin
Tous les raffinements d'une vie agréable,
Comme la poésie, les tableaux, les statues,
On les doit à l'effort, l'usage, l'expérience,
Qui tracent pas à pas la route du progrès.
Le temps, jour après jour, amène du nouveau,
Que la raison élève en sa pleine lumière.
Car les hommes voyaient leur esprit s'éclairer,
Jusqu'à atteindre enfin tous les sommets de l'art[1].

Les Lumières n'ont pas commencé au XVIIIe siècle, pas plus que l'idée de progrès n'a attendu la révolution industrielle. Mais on comprend mieux, lisant ces lignes, pourquoi Lucrèce fut tant admiré, au XVIIIe siècle, et pourquoi il continue, même après Auschwitz et Hiroshima, de nous éclairer. Le progrès n'a jamais empêché l'horreur. L'horreur, jusqu'à présent, n'a pas

1. V, 1436-1457.

pu arrêter le progrès. Ainsi l'histoire continue, comme du temps de Lucrèce. C'est toujours pareil *(eadem sunt omnia semper* [1]*)*, c'est toujours différent *(mundi naturam totius aetas mutat*[2]*)*. Les hommes, dans leur masse, sont mus par la passion davantage que par la raison, par l'opinion plus que par la sagesse. Lucrèce, à la suite d'Épicure, en tire une leçon de retrait, de repli, de renoncement au moins politique :

L'envie, comme la foudre, embrase les sommets.
Il vaut mieux vivre en paix, en respectant les lois,
Que vouloir gouverner ou régner sur le monde.
Laisse-les s'épuiser pour rien, suer le sang,
Sur le chemin étroit de leur folle ambition !
Ils ont placé leur goût dans la bouche d'autrui
Et croient ce qu'on leur dit plus que leurs sensations.
Ce qu'ils sont ou seront, ils l'ont toujours été [3].

On peut refuser cet apolitisme, qui s'explique par l'histoire davantage que par la doctrine, et même il le faut. La lecture du *De rerum* n'en sera – pour les militants, pour les citoyens – que plus salutaire. Elle les guérira de cette folie du pouvoir, et aussi, peut-être, de cette sagesse même – celle d'Épicure, mais c'était à une autre époque – qui voulait s'en affranchir. Le progrès ne se fait pas tout seul, voilà ce que Lucrèce enseigne (les hommes, non les dieux, en sont les initiateurs). On aurait envie d'ajouter : la paix non

1. III, 945 (« les choses vont toujours de même »).
2. V, 834 (« le monde entier se modifie avec le temps »).
3. V, 1127-1135.

plus, ni la justice, ni la démocratie. Qu'aucun pouvoir ne soit sage, c'est ce qu'on peut accorder à Épicure. Mais on ajoutera, avec Spinoza, que ce n'est pas une raison pour l'abandonner aux fous. C'est ce que Lucrèce, célébrant le progrès sans en être dupe (ce qui est la bonne façon de le célébrer), nous aide à comprendre, et qui nous interdit – tant il est vrai que « tout change avec le temps[1] » – de le suivre tout à fait.

1. V, 828 (cf. *supra*, p. 203).

X

Les flots noirs

In nigras lethargi mergitur undas.
Lucrèce, III, 829
(« Les flots noirs de la léthargie où elle sombre »).

Nous arrivons à la dernière de nos promenades lucrétiennes : il est temps de conclure. Lucrèce parle quelque part des « nuits sereines[1] », pendant lesquelles il compose son poème. Mais il ne cesse de comparer Épicure (ou la raison, ou la vérité, ou la sagesse…) au soleil qui se lève, qui fait pâlir les étoiles, qui vient disperser les ombres ou les fantômes de la nuit… Il a trop bien chanté « l'aurore aux doigts de rose[2] », son manteau de lumière (et d'une lumière elle aussi sereine : *lumenque serenum*[3]), son orchestre

1. I, 142 *(noctes serenas)*. Le Dr Logre remarque qu'il y a souvent, dans les phases hypomaniaques de la psychose maniaco-dépressive, « une sorte d'infatigabilité, avec propension à l'insomnie lucide et féconde » (*op. cit.*, p. 31 ; voir aussi les p. 37-38).

2. V, 656-657.

3. II, 150.

d'oiseaux[1], pour qu'on n'ait pas le sentiment que la sérénité nocturne, chez lui, était plutôt l'exception, qu'il connut davantage de nuits difficiles, de soirées inquiètes ou douloureuses, d'interminables crépuscules… Suicide ? Folie ? Psychose maniaco-dépressive ? On ne le saura jamais, et là n'est pas l'essentiel. Aucune maladie ne tient lieu de génie, ni même de sensibilité. Aucune santé non plus.

Parlant de l'âme, au livre III, Lucrèce en évoque les souffrances spécifiques :

Outre les maux du corps dont l'âme souffre aussi,
Il y a la pensée du futur qui la ronge,
Les angoisses, les peurs, les soucis, il y a
Le remords déchirant de ses fautes passées ;
Puis sa propre folie, la perte de mémoire,
Les flots noirs de la léthargie où elle sombre[2]*…*

On a le sentiment qu'il parle d'expérience. Dans quelle mesure ? Difficile de répondre. Mais quelle beauté, en tout cas en latin, mais quelle grandeur ! La dépression n'y a jamais suffi. Contre la double nuit (l'une individuelle ou psychologique, l'autre collective ou historique) de l'angoisse et de l'obscurantisme, Lucrèce, avec le même courage, avec la même énergie sombre, nous propose les lumières de la connaissance et de la sagesse. C'est le plaisir qui est bon, mais c'est la raison qui sauve. Tant pis pour nous si elle ne suffit pas. Philosophe des Lumières ? Oui,

1. II, 143 et suivants.
2. III, 824-829.

mais en des temps obscurs, comme ils sont toujours, et pour un cœur bien sombre… Philosophe des Lumières, poète de la nuit ? Ce serait trop dire sans doute, mais on comprend que les romantiques, eux aussi, l'aient aimé. Poète de l'aube, dirais-je plus volontiers, comme une paix qu'on attend, qu'on pressent, comme un bonheur qui pourrait commencer. Ses contradictions mêmes (qui sont affectives, point logiques) nous le rendent plus proche. Nous sommes comme des enfants, disait-il, qui s'effraient de tout dans les ténèbres aveugles… Il nous prend par la main. On sent bien qu'il a peur lui aussi. Il chante ; mais c'est pour se rassurer. Tout est normal. Tout est rationnel. Tout est matériel. Il n'y a que des atomes et du vide ; les dieux ne s'occupent pas de nous, et la mort même n'est rien. Que pourrions-nous craindre ? Que pourrions-nous espérer, sinon le plaisir et la paix ? Oui. Si nous étions adultes, la philosophie pourrait suffire. C'est parce que nous sommes des enfants que nous avons besoin de poésie. Parce que la vérité est trop grande ou trop amère pour nous. Parce que la vie est trop difficile. Parce que la peur est trop forte. Parce que la nuit est trop noire, trop longue, trop agitée, trop habitée, trop inquiétante…

Quelle autre lumière, pour l'esprit, que la vérité ? Quelle aube, pour l'humanité, sinon celle de la raison lentement qui s'éveille ? *Naturae species ratioque*… La vérité, même amère, est moins angoissante que l'imaginaire. La nature, même aveugle, même destructrice, moins effrayante que nos songes. Un tremblement de terre ? Un volcan ? La foudre ? Ce ne sont que des atomes et du vide : on n'y risque que la mort, c'est-à-dire rien. Lucrèce, comme un anti-Pascal, joue l'infini contre la peur, la connaissance contre l'imagination, la nature contre l'ego. Le silence éternel des espaces infinis ne l'effraie pas ; il le rassurerait plutôt. Par exemple, à propos des éruptions de l'Etna, si spectaculaires, si effrayantes, si évidemment dangereuses (« Un déluge de feu ravagea la Sicile[1] »), Lucrèce ne nous tranquillise qu'en les mettant à leur place, quelque part dans un petit coin de notre monde, dans une parcelle infime de l'univers infini. Il n'en nie pas le danger, que chacun connaît ; il en relativise les enjeux. On a bien tort d'y chercher un sens, comme font les superstitieux, et même d'y attacher autant d'importance. Mieux vaut, comme on dirait au cinéma, élargir le champ :

Ce qu'il te faut ici, c'est prendre du recul,
Élargir ta vision, et de tous les côtés.
Souviens-toi que le tout est sans borne, sans fond ;
Vois combien notre ciel n'est qu'un petit morceau,
Qu'une infime portion de la somme globale,
Moins encor qu'un seul homme est à la terre entière !
Garde ce point de vue fermement établi ;
Bien des étonnements te seront épargnés[2].

« Je m'effraie et m'étonne », disait Pascal[3]. Lucrèce, lui, voudrait ne s'étonner plus de rien, pour cesser de s'effrayer.

1. VI, 642.
2. VI, 647-654. Voir aussi, *ibid.*, les vers 674-679.
3. *Pensées*, L. 68 - B. 205 : « Quand je considère la petite

On pense à Aristote : « C'est l'étonnement, disait-il, qui poussa, comme aujourd'hui, les premiers penseurs aux spéculations philosophiques[1]. » Montaigne s'en souviendra, qui en tirera une sagesse de sceptique : « L'admiration [l'étonnement] est le fondement de toute philosophie, l'inquisition [la recherche] le progrès, l'ignorance le bout[2]. » Cela ne l'empêchera pas d'être épicurien, à sa façon, et de plus en plus, mais sans dogmatisme, sans foi, sans aduler pour autant Épicure, sans cesser de s'intéresser aux autres sages, sans renoncer surtout à douter, à chercher, à s'interroger… Lucrèce, épicurien orthodoxe et anxieux, est à l'opposé. Quoi de plus inquiétant que l'ignorance ? Quoi de moins rassurant que le doute ? L'épicurisme est un dogmatisme : « le sage seul a des convictions inébranlables[3] » ; il donne « des certitudes, et non pas des doutes[4] ». Cela tombe bien : des certitudes, c'est ce dont Lucrèce a besoin. Il ne doute pas ; il sait. Il ne cherche pas ; il trouve, ou plutôt, et grâce à Épicure, il a déjà trouvé. L'étonnement, pour

durée de ma vie absorbée dans l'éternité précédente et suivante, le petit espace que je remplis et même que je vois, abîmé dans l'infinie immensité des espaces que j'ignore et qui m'ignorent, je m'effraie et m'étonne de me voir ici plutôt que là, car il n'y a point de raison pourquoi ici plutôt que là, pourquoi à présent plutôt que lors. Qui m'y a mis ? Par l'ordre et la conduite de qui ce lieu et ce temps ont-ils été destinés à moi ? » Comparer aussi avec les vers 1204-1235 du livre V (cf. *supra*, p. 67-68).

1. *Métaphysique*, A, 2, 982 b 11-20.

2. *Essais*, III, 11, p. 1030 de l'éd. Villey-Saulnier.

3. Épicure, cité par Plutarque, *Contre Colotès*, 19, éd. Solovine, p. 153.

4. Diogène Laërce, X, 121.

notre poète, ne va pas sans angoisse, et c'est de quoi il s'agit de sortir. Comment la quête ou l'ignorance pourraient-elles y suffire ? « "Quel mol oreiller que le doute, pour une tête bien faite !" — ce mot de Montaigne, notait Nietzsche, a toujours exaspéré Pascal, car personne, justement, n'avait autant que lui besoin d'un mol oreiller[1]. » J'imagine qu'il aurait exaspéré aussi Lucrèce. Humeurs d'insomniaques. Pensées d'anxieux. À quoi bon s'étonner toujours ? S'interroger toujours ? Douter toujours ? Trembler toujours ? La foi ou la philosophie, pour nos deux génies angoissés, valent mieux et exigent davantage.

Le contraire de l'angoisse, c'est la sérénité. Le contraire du doute, la certitude. Mais le contraire de l'étonnement ? L'évidence ? L'habitude ? La familiarité ? Il me semble que Lucrèce répondrait plutôt : la connaissance, et spécialement la connaissance par les causes. On ne s'étonne (sauf simple effet de soudaineté, par définition fugace) que de ce qu'on ne comprend pas. Quand on comprend, l'étonnement disparaît. Ce qui en résulte, ce n'est pas la banalité, ni l'ennui, ni le dégoût ; c'est la paix de l'âme, et c'est en quoi l'absence d'angoisse et l'absence d'étonnement, pour Lucrèce, vont ensemble. Au fond, c'est ce qu'il appelle, contre la religion, la *piété* : « Pouvoir tout regarder d'un esprit pacifié[2] ». Il s'agit de

1. *Aurore*, I, 46, qui cite approximativement Montaigne (*Essais*, III, 13, p. 1073 de l'éd. Villey-Saulnier) et Pascal (*Entretien avec M. de Saci*, éd. Lafuma, Paris, Le Seuil, coll. « L'Intégrale », 1963, p. 296 a).

2. V, 1203 *(pacata posse omnia mente tueri)* ; cf. *supra*, p. 66. Il n'est pas impossible que ce refus de l'étonnement soit aussi

désenchanter le monde (de le vider de ses fantômes, de ses sortilèges prétendus, de ses faux magiciens, de ses faux miracles, de ses superstitions, de ses mythes) pour cesser d'avoir peur, pour pouvoir enfin l'habiter sereinement. Que ce ne soit pas le dernier mot de la sagesse, j'en suis convaincu et m'en suis expliqué ailleurs. Mais que ce soit, pour y parvenir, une partie du chemin, c'est ce que Lucrèce enseigne, on a vu avec quelle ardeur, et que je lui accorde volontiers. Épicure, mieux que lui, a su dire positivement l'essentiel : le plaisir en repos de l'âme, l'expérience vécue de l'éternité (vivre « parmi des biens immortels[1] »), la primauté de l'amour… « De tous les biens que la sagesse nous procure pour le bonheur de la vie tout entière, écrivait-il, le plus grand, de beaucoup, est la possession de l'amitié[2]. » C'est dire assez que la simple absence de crainte ne suffit pas. À quoi bon ne plus avoir peur, si c'est pour n'aimer rien ni personne ? L'absence de souffrance ? L'absence

---

influencé par Démocrite, qui vantait, chez le sage, « la capacité de ne s'étonner de rien » (J. Brunschwig, dans l'article « Démocrite » du *Dictionnaire des philosophes*, sous la dir. de D. Huisman, Paris, PUF, 1984, t. 1, p. 706). C'est un thème qu'on trouve aussi chez Horace, dont Montaigne d'ailleurs se souviendra, qui y voyait « la fin de la secte pyrrhonienne » : « Ne s'étonner de rien, Numacius, est presque le seul et unique moyen qui puisse faire et maintenir le bonheur » (*Essais*, II, 12, p. 578, qui cite en latin Horace, *Épîtres*, I, 6, 1). Voir également P. H. Schrijvers, *Horror ac divina volupas (études sur la poétique et la poésie de Lucrèce)*, I, § 6, Amsterdam, A. M. Hakkert, 1970, p. 65-66.

1. *Lettre à Ménécée*, 135.

2. Épicure, *Maxime capitale*, XXVII. Voir aussi la *Sentence vaticane* 23.

d'angoisse ? L'absence de trouble ? La mort pourrait y suffire. Marcel Conche l'a écrit plaisamment :

> « Ne plus être pour échapper à la souffrance : tel est l'espoir des suicidés. Lucrèce leur apporte la bonne nouvelle que leur espoir est fondé. [...] Il y a une étrange parenté entre la mort volontaire et la sagesse. Il s'agit, pour le suicidé comme pour le sage, d'atteindre l'absence de toute peine et la paix. Mais, dans un cas, cette paix n'est vécue par personne. Dans l'autre, elle est vécue par le sage. On l'appelle bonheur[1]. »

Il est douteux, toutefois, que l'absence de souffrance et d'angoisse y suffise : il y faut encore le plaisir, la joie (« rire tout en philosophant », disait Épicure[2]), l'amitié... Lucrèce, intellectuellement, le sait (il a lu Épicure, il l'a compris, il l'approuve en tout). De là à le vivre... La sagesse n'est pas un théorème ; aucune démonstration n'y suffit. Ni une leçon, qu'il suffirait d'apprendre. Que Lucrèce ait eu ses moments de paix, de sérénité au moins relative, de bonheur même peut-être, c'est vraisemblable. La sagesse ? Sans doute l'a-t-il parfois entrevue ou expérimentée, non d'ailleurs sans ambivalence (il lui est arrivé, devant la nature dévoilée par Épicure, d'éprouver « une sorte de volupté divine et de frisson », *quaedam divina voluptas atque horror*[3]), sans pouvoir, je le crains, s'y installer durablement. Mais lequel d'entre nous en est capable ? La vie est plus forte que la

1. *Lucrèce et l'expérience*, *op. cit.*, § 18, p. 98.
2. *Sentences vaticanes*, 41.
3. III, 28 ; cf. *supra*, p. 22-23 et 86.

pensée, le monde plus fort que la philosophie, le malheur, quand il est là, plus fort que la sagesse. C'est ce que j'appelle le tragique, qui donne raison à la philosophie (si le monde n'était plus fort qu'elle, elle aurait tort) et la voue à l'échec. Lucrèce, même dans la dénégation, n'y échappe pas. Les moments de paix, chez lui, devaient être l'exception. Le plus souvent, il ne fait guère que combattre la peur comme il peut, à grands coups d'intelligence et de courage, à grands coups d'arguments et de doctrine, voulant comme s'enfermer vivant dans « les hauts lieux fortifiés par la science des sages[1] », comme si cela pouvait le dispenser d'habiter cette « cité sans murailles », comme disait plus justement Épicure[2], qui est vivre. Sagesse de pierres, quand il n'est sagesse véritable, comme on voit chez Montaigne, que du vent[3]. Sagesse rêvée, quand il n'est sagesse authentique que vécue, ou vivante. Sagesse de disciple, quand ce sont les maîtres qui sont sages, ou quand les sages, plutôt, n'ont pas de maître.

Jacques Brunschwig, dans le bel article qu'il lui a consacré, l'a justement souligné :

« L'un des grands intérêts du poème de Lucrèce est qu'il exprime le point de vue d'un consommateur de philosophie, non d'un producteur ; il lui est essentiel que la philosophie soit la philosophie d'un autre ; il est à elle ce qu'est à l'eau l'assoiffé, non la source. La plupart

1. II, 8 (cf. *supra*, p. 80).
2. *Sentences vaticanes*, 31.
3. Voir (par exemple) *Essais*, III, 13, p. 1106-1107 de l'éd. Villey-Saulnier.

des différences, parfois de contenu, surtout de ton, que l'on peut relever entre Épicure et lui trouvent là leur origine : à défendre et illustrer cette doctrine qui l'a sauvé, il met une âpreté nouvelle, une logique entêtée, une sombre ardeur. À l'argumentation le plus souvent paisible, abstraite et prosaïque de son maître, il substitue la violence polémique et la poésie visionnaire ; à la comédie de la nature, le drame cosmologique[1]. »

On ne saurait mieux dire. Et sans doute faut-il apprendre à philosopher, et avec de bons maîtres si possible. Mais on n'accède à la sagesse, dirait Montaigne, qu'en inventant la sienne – et qu'à la condition, ajouterais-je, de cesser d'y croire.

Lucrèce s'est trouvé, pour mon goût et à l'époque qui était la sienne, le meilleur des maîtres, le plus lumineux, le plus doux, le plus sage. Il le suit avec autant d'enthousiasme que d'intelligence, « il marche dans ses traces », comme il dit lui-même, ce qui suppose qu'ils restent deux. Épicure a fixé la direction, le but ultime. Lucrèce le suit, mais à distance. Son but principal, me semble-t-il, celui qu'il vise pour lui-même, celui qu'il espère atteindre peut-être, ce n'est pas le plaisir, ce n'est pas le bonheur, ce n'est donc pas la sagesse proprement. Quel est-il ? Il le dit lui-même, par quatre fois, avec les mêmes mots bien clairs et bien sombres : ce qu'il veut, ce qu'il lui faut *(necessest),* ce dont il se contenterait volontiers sans

1. J. Brunschwig, article « Lucrèce » dans le *Dictionnaire des philosophes*, *op. cit.*, t. 2, p. 1642.

doute, c'est dissiper « la terreur et les ténèbres de l'âme » *(terrorem animi tenebrasque*[1]*)*.

Y a-t-il réussi ? On peut en douter. Les commentateurs trouvent souvent surprenant, et ils ont raison, que le *De rerum natura*, qui s'ouvrait sur un hymne à Vénus, donc à la vie et au plaisir, s'achève sur la description (inspirée de Thucydide, mais systématiquement tirée vers le plus noir) de la peste d'Athènes. Quel finale plus lugubre, plus macabre, plus atroce ? C'est comme un *Sacre du Printemps*, dirait un mélomane, qui s'achèverait par le *Voyage d'hiver*... La vie est ainsi faite ? Soit. Mais la philosophie ? Mais la sagesse ? Commencer par le plaisir, finir par la mort ? Qu'il y ait là quelque logique matérialiste ou lucide, je le veux bien. Mais pourquoi terminer par des scènes d'horreur, de panique, d'accablement ? Il n'est pas impossible que l'ouvrage soit inachevé, qu'un épilogue plus lumineux dût suivre... C'est ce que pensent, depuis Giussani et Bignone, la plupart des commentateurs, et j'en suis d'accord avec eux[2]. Toutefois ces vers-là n'en existeraient pas moins, vers

1. I, 146, II, 59, III, 91 et VI, 39.

2. Lucrèce, au vers 92 du chant VI, écrit qu'il s'élance « vers la blanche ligne qui marque le terme de [sa] course ». Cela implique que ce chant devait être le dernier, mais ne prouve nullement qu'il soit achevé. Voir P. Boyancé, *op. cit.*, p. 79-81 et 285-286. On doit à C. Giussani une édition commentée (mais en italien et non traduite en français) du *De rerum natura* (Milan, 1896, rééd. Turin, 1921). Quant à E. Bignone, il est l'auteur d'une thèse importante sur *L'Aristotele perduto e la formazione filosofica di Epicuro* (Florence, 1936) et d'une considérable *Storia della letteratura latina* (Florence, 1945), dont les chap. VI à VIII, dans le t. II, sont consacrés à Lucrèce.

la fin de l'œuvre, comme un ultime et déchirant *requiem*, mais sans repos ni paix. Juste un très court extrait, pour en donner une idée :

Les ulcères, le flux noir de leurs intestins,
Annonçaient l'arrivée prochaine de la mort.
Souvent, accompagné d'horribles maux de tête,
Un jet de sang vicié leur giclait des narines,
Emportant avec lui ce qu'il restait de vie.
Et si l'on échappait à ce flot répugnant,
La maladie gagnait les nerfs, les bras, les jambes...
La peste rongeait tout, et jusqu'au sexe même.
Certains, épouvantés sur le seuil de la mort,
S'amputaient par le fer de leur membre viril ;
D'autres, sans pieds, sans mains, s'accrochaient à la [vie,
D'autres encor, sans yeux, essayaient de s'enfuir,
Tant la peur de la mort était entrée en eux !
D'autres enfin, ayant perdu toute mémoire,
Ne pouvaient même plus se reconnaître eux-mêmes[1]...

Encore une fois, il n'est pas exclu, il paraît même probable, que le poème soit inachevé : la mort, volontaire ou pas, prit les devants, qui vint interrompre la description de son propre triomphe, mais à Athènes, mais quatre siècles plus tôt, et le confirmer par là, non sans quelque apparente et macabre ironie, dans la Rome du premier siècle av. J.-C. Cela nous priva vraisemblablement d'une chute moins effroyable[2].

1. VI, 1207-1214.
2. Les commentateurs, là-dessus, se perdent en hypothèses : on en trouvera la synthèse chez J. Salem, *La mort n'est rien pour*

Bignone imaginait – parce que le poète avait annoncé, au vers 155 du livre V, qu'il reviendrait sur le sujet – un finale consacré aux dieux. L'hypothèse paraît envisageable, mais aussi révélatrice. Un Hymne à la joie ? C'est ce qu'on attendrait, et qui manque. Un *Happy end* ? Comment serait-ce possible, s'il doit nous ressembler ? Il faudrait donc chercher ailleurs, dans les intermondes, chez les dieux, ce bonheur paisible, complet, immortel, qui ne brillerait ici-bas que par son absence… L'hypothèse, séduisante, fait pourtant peu de cas d'Épicure. Pourquoi chercher si loin un bonheur que l'on sait désormais, grâce à lui, accessible ? Pourquoi chanter les dieux, qui ne peuvent rien pour nous, dont le culte entraîna tant de maux, quand on peut chanter la pensée qui guérit et qui sauve ? « À l'apocalypse de la nature terrestre », écrit Bignone, devait s'opposer « l'éclatante et olympienne lumière des divins espaces d'outre-monde ; au triomphe de la mort, le triomphe du divin et de l'éternel ; et, dans l'intention de Lucrèce, le poème aurait dû s'achever par un hymne adressé au divin, comme il s'ouvre sur un hymne adressé au divin[1]. » C'est oublier que Vénus, au début du chant I, n'a de sens qu'allégorique (elle symbolise le plaisir et la vie, qu'aucune divinité ne gouverne), et que rien n'est éternel, pour Lucrèce, sinon les atomes, le vide et le

---

nous, *op. cit.*, chap. VII, § 4 (« Typologie des interprétations du finale lucrétien »). Voir aussi P. H. Schrijvers, *op. cit.*, II, § 19 j, p. 312-324.

1. E. Bignone, *Storia della letteratura latina*, *op. cit.*, t. II, p. 195, cité par J. Salem, *op. cit.*, p. 239.

Tout[1]. Cela suggère une autre hypothèse, tout aussi invérifiable mais qui me satisfait davantage : Lucrèce, après le saisissant tableau de la peste d'Athènes, pouvait aussi bien évoquer la nature infinie (à côté de quoi cette épidémie, comme les éruptions de l'Etna, eût fait figure d'anecdote, fût-elle tragique), et l'ouvrage se clore, comme il s'était ouvert, sur un triple éloge du plaisir, de la sagesse et d'Épicure. Lucrèce y songeait-il ? Nous ne le saurons jamais. La fin du poème, tel qu'il nous est parvenu, décrit plutôt une société en décomposition, où même la religion s'efface devant l'immensité de la douleur. Les tout derniers vers ? Les voici :

Ni la religion ni la crainte des dieux
Ne comptaient : la douleur présente emportait tout.
On ne respectait plus tous ces rites funèbres
Qu'on suivait jusqu'alors pour inhumer les morts.
La confusion régnait ; chacun, le cœur serré,
Solitaire, enterrait les siens comme il pouvait.
L'urgence et la misère entraînaient des horreurs.
Certains même, sur des bûchers dressés pour d'autres,
Déposaient en hurlant les corps morts de leurs proches
Et y mettaient le feu, préférant s'entretuer
Plutôt qu'abandonner tout à fait leurs cadavres[2].

---

1. III, 806-818 et V, 351-379. Quant aux dieux, ils sont immortels, point éternels : produits par la nature aveugle, faits d'atomes et de vide, comme tous les corps composés, ils ont nécessairement eu un commencement. L'éternité qu'on leur prête (V, 1175) n'est en vérité qu'une immortalité (*Lettre à Ménécée*, 123).

2. VI, 1276-1286.

Drôle d'épilogue, on l'admettra, pour un traité de sagesse hédoniste et – en principe – eudémoniste ! Mars l'avait emporté contre Vénus, mais dans le sordide plutôt que dans la gloire... Raison de plus pour conclure à l'inachèvement du poème. Pour cause de suicide ? Ce n'est pas exclu[1]. Ce n'est pas sûr. Il ne faudrait pas, en tout cas, que cette fin sinistre fasse oublier les six chants qui précèdent, ni que la sensibilité du poète, aussi douloureuse soit-elle, escamote la leçon de son maître, celle d'Épicure, qui est une leçon de vie, de plaisir, de bonheur, d'amitié, de sérénité – de sagesse.

Lucrèce, au début de son dernier chant, y insiste à nouveau. J'aime, sous la plume de ce Romain, et d'un Romain de ce temps-là, que cet ultime éloge d'Épicure commence par un éloge d'Athènes. Quelle lumière, pour un Européen et s'il est philosophe, qui ne soit d'abord grecque ?

Athènes, la première et à jamais glorieuse,
Sut donner aux mortels les moissons et leurs fruits ;
Elle changea la vie ; elle institua des lois :
La première elle offrit les doux soulagements
Que découvrit pour nous cet homme de génie
Dont la parole vraie éclaire toutes choses.

---

1. Le Dr Logre voit dans la fin du chant VI la marque d'un « assombrissement de l'humeur », peut-être lié aux prémices d'une nouvelle « crise de mélancolie », laquelle aurait débouché sur un « suicide probable, qui aurait interrompu le poème » (*op. cit.*, p. 308).

Même mort, ses leçons divinement triomphent :
Depuis longtemps sa gloire est montée jusqu'au ciel !
Il vit que les mortels avaient le nécessaire,
Qu'ils pouvaient assurer leur propre subsistance
Et vivre en sûreté, autant qu'il est possible ;
Il vit que les puissants, couverts d'or et d'honneurs,
Se rengorgeaient en plus des succès de leurs fils ;
Et que chacun pourtant gardait un cœur anxieux,
Que l'insatisfaction les torturait sans cesse,
Les enfermait vivant dans l'aigreur et les plaintes...
Il comprit que le mal venait du vase même,
Qu'on y versait en vain les choses les meilleures :
Tantôt c'est qu'il était ou poreux ou percé,
Au point que rien jamais ne puisse le remplir ;
Tantôt c'était qu'en lui quelque saveur infecte
Venait corrompre tout ce qu'on y avait mis.
Par la vérité, donc, il purifia les cœurs ;
Il fixa une borne au désir, à la crainte ;
Il nous apprit ce qu'est notre souverain bien,
Auquel nous tendons tous, il en montra la voie,
Le chemin le plus court qui permet de l'atteindre.
Il fit voir tous les maux dans les choses humaines,
D'où ils viennent, où ils vont, de quelles manières,
Par force ou par hasard, selon l'ordre des choses ;
Il nous apprit comment repousser leurs assauts,
Et prouva que souvent c'est sans raison aucune
Que coule en nous le flot amer de nos tourments.
Car comme des enfants qui tremblent et s'effraient
De tout dans une nuit aveugle, en plein soleil
Parfois nous redoutons des dangers aussi vains
Que ceux qu'ils ont rêvés ou croient voir s'approcher.
Ces ténèbres de l'âme, il faut que les disperse,

Non les traits du soleil ni la clarté du jour,
Mais notre raison seule observant la nature[1].

On comprend que Lucrèce, par quatre fois, ait repris ces trois derniers vers... Ils disent l'essentiel : les ténèbres de l'âme, la lumière de la raison, la souffrance du poète, la paix du sage... Oui, ce serait trahir Lucrèce que d'oublier, à cause de ce qu'il y a en lui de sombre ou d'angoissé, les leçons lumineuses de son maître. Mais comment, à l'inverse, la leçon d'Épicure nous empêcherait-elle d'entendre la parole du poète, d'autant plus émouvante qu'elle nous ressemble davantage ? Pourquoi faudrait-il choisir entre Mozart et Schubert ? Pourquoi entre Épicure et Lucrèce ? Philosophiquement, c'est Épicure, pour Lucrèce lui-même, qui a tout inventé. Mais bien malin ou bien fort – bien sage ou bien sot – qui ne se sent pas plus proche malgré tout du poète... Il n'est pas un sage ? Nous non plus. Il n'est qu'un disciple ? Que sommes-nous d'autre ? C'est ce qui le rend, pour nous, particulièrement précieux, particulièrement proche, particulièrement émouvant. Épicure, notre maître. Lucrèce, notre ami, notre semblable, notre frère.

Je ne sais pourquoi me reviennent en cet instant deux vers d'Aragon :

L'homme crie où son fer le ronge,
Et sa plaie engendre un soleil...

---

1. VI, 1-42 (les trois derniers vers apparaissent ici pour la quatrième fois : cf. *supra*, p. 81-82 et note 1).

La figure pourtant n'est pas la même. Le fer qui ronge, chez Lucrèce, c'est l'angoisse, la souffrance, le malheur. Le soleil ? C'est la sagesse, celle d'Épicure, c'est la lumière de la raison. *Tam clarum lumen*[1], *tam clara luce*[2]... La plaie ne l'engendre pas. Elle s'y réchauffe, elle s'y apaise, elle s'y guérit peut-être... Et le cri ? C'est le chant, c'est le poème. La grande voix rauque de Lucrèce[3] a je ne sais quoi parfois qui fait penser au fado, au flamenco ou au blues (mais qui serait un blues latin), complainte et révolte mêlées, amertume et douceur, rage et sensualité. Il nous apaise sans nous consoler, nous berce sans nous endormir, nous fait du bien en chantant notre mal. Plus de deux mille ans nous en séparent ; et comme il nous est proche (et d'autant plus peut-être de se situer si loin dans le temps : la proximité, de lui à nous, ne doit rien aux hasards de la chronologie), comme il nous est précieux ! Lucrèce, philosophe de la nature et de la sagesse, des atomes et du plaisir, est aussi le poète de la mort, de l'angoisse, de l'anxiété *(anxius angor*[4]*)*, de la folie, de l'horreur, et c'est par quoi il est irremplaçable. Douceur de la poésie, disait-il, amertume de l'épicurisme... Et si c'était l'inverse ? Si la poésie, en lui, était plus amère que la doctrine, la sensibilité plus douloureuse que la pensée, l'individu plus sombre que le philosophe ? Le doux miel poétique,

---

1. III, 1 (à propos d'Épicure) ; voir *supra*, p. 22.
2. V, 12 (toujours à propos d'Épicure).
3. Pour reprendre une expression très juste de J. Kany-Turpin, dans son introduction, *op. cit.*, p. 48.
4. III, 993 et VI, 1158 (littéralement : « une angoisse anxieuse »).

l'amère absinthe du vrai ? Ou bien le doux miel de l'épicurisme et du vrai, l'amère absinthe de l'imaginaire ou de l'homme ? Les deux peuvent se dire, puisque la vérité n'a pas d'autre goût que celui, parfois, que nous lui trouvons ou donnons. Cela ne retire rien à Lucrèce, bien au contraire. Loin que le poète, chez lui, donne tort au philosophe, comme certains l'ont prétendu[1], il en est plutôt la justification. Si nous n'étions mortels, aurions-nous besoin de nous convaincre que la mort n'est rien ? Si nous ne souffrions pas, aurions-nous besoin de philosopher ? S'il n'y avait cette angoisse, cette folie, cette horreur, aurions-nous besoin de sagesse ?

---

1. Voir par exemple la dernière phrase du livre de C. Martha, *op. cit.*, p. 362 (« La véritable réfutation de la doctrine qui prêche la volupté est la tristesse de son plus grand interprète »).

BIBLIOGRAPHIE

On trouvera des bibliographies très riches dans les livres, référencés ci-dessous, de Pierre Boyancé et Jean Salem. La liste qui suit n'a d'autre ambition que de faciliter une première approche.

S'agissant des traductions françaises du *De rerum natura*, les meilleures (auxquelles mes propres essais de traduction doivent beaucoup) sont aussi les plus facilement accessibles :

De la nature, texte établi et traduit par Alfred ERNOUT, Les Belles Lettres, 1968 (bilingue) ; rééd. Gallimard (sans le texte latin), coll. « Tel », 1992.

De la nature, traduction, introduction et notes par Henri CLOUARD, Flammarion, coll. « G.-F. », 1964.

De la nature, traduction, introduction et notes de José KANY-TURPIN, Aubier, 1993, rééd. Flammarion, coll. « G.-F. », 1997 (avec le texte latin).

La nature des choses, traduit et présenté par Chantal LABRE, Arléa, 1995, rééd. 2004.

De la Nature, Présentation, traduction et notes de

Charles GUITTARD, Imprimerie nationale, 2000 (bilingue).

De la nature des choses, introduction, bibliographie et notes par Alain GIGANDET, traduction par Bernard PAUTRAT, Le Livre de Poche, 2002.

S'il fallait n'en choisir qu'une, j'hésiterais entre celle d'Alfred Ernout et celle de José Kany-Turpin.

S'agissant des commentaires, la meilleure introduction à la philosophie de Lucrèce reste sans conteste celle, admirable, qu'on doit à Marcel CONCHE : *Lucrèce et l'expérience*, Éditions Seghers, coll. « Philosophes de tous les temps », 1967, rééd. Éditions de Mégare, 1970, puis Éditions Fides, coll. « Noésis », Québec, 2003. Cette dernière édition, la seule à être disponible en librairie, comporte en outre deux appendices très précieux : « Épicure et l'analyse quantique de la réalité » (à propos du livre de Michel Serres, référencé ci-dessous, dont M. Conche réfute l'interprétation) ; et « La structure du *De rerum natura* ».

Du même auteur, on utilisera avec beaucoup de profit la traduction commentée et annotée des *Lettres et maximes* d'Épicure, Éditions de Mégare, 1977, rééd. PUF, coll. « Epiméthée », 1987.

On pourra lire ensuite l'ouvrage classique et assez complet (quoique philosophiquement un peu court) de Pierre BOYANCÉ, *Lucrèce et l'épicurisme*, PUF, coll. « Les grands penseurs », 1963 (ou, du même auteur mais plus bref, le petit *Lucrèce* publié, chez le même éditeur, en 1964).

Ou bien celui, plus engagé et plus stimulant, de

Paul NIZAN, *Les Matérialistes de l'Antiquité*, E.S.I., 1938, rééd. François Maspero, 1965.

Et l'on gagnera à terminer par les quatre beaux articles que Jacques BRUNSCHWIG a consacrés respectivement à Leucippe, Démocrite, Épicure et Lucrèce dans le monumental *Dictionnaire des philosophes*, sous la direction de D. Huisman, PUF, 1984. Dans l'article sur Lucrèce, l'auteur, qui est un de nos plus éminents historiens de la philosophie antique, présente un résumé, mais précis et fiable, du *De rerum natura*, « l'un des plus célèbres et des plus grandioses poèmes philosophiques qui aient jamais été écrits ». L'article, qui est très riche, se termine par les phrases suivantes, qui me touchent et m'éclairent : « Lucrèce est aussi un très grand artiste. Nous avons cherché à mettre en lumière ce par quoi il mérite une place dans un *Dictionnaire des philosophes*. Dans un *Dictionnaire des poètes*, il en aurait une aussi bien, qui mettrait l'accent sur d'autres aspects de son œuvre. Mais si chacun de nous faisait, à son propre usage, un dictionnaire de ses frères en humanité, gageons que ces dictionnaires ne seraient pas si gros, et que Lucrèce pourtant y figurerait souvent. »

Pour un approfondissement, on pourra lire ou consulter :

Mayotte BOLLACK, *La Raison de Lucrèce (constitution d'une poétique philosophique avec un essai d'interprétation de la critique lucrétienne)*, Éditions de Minuit, 1978.

Oliver BLOCH, *Le Matérialisme*, PUF, coll. « Que sais-je ? », 1985.

Jacques BRUNSCHWIG, *Études sur les philosophies hellénistiques (épicurisme, stoïcisme, scepticisme)*, PUF, 1995 ; voir aussi, du même auteur, « La philosophie à l'époque hellénistique », dans *Philosophie grecque*, sous la dir. de Monique Canto-Sperber, PUF, 1997.

Georges COGNIOT, *Lucrèce, « De la nature des choses »* (textes choisis, avec une longue préface et des notes), Éditions sociales, 1954, rééd. 1974. Voir aussi, du même auteur, *Le Matérialisme gréco-romain*, Éditions sociales, 1964 (le quatrième et dernier chapitre est consacré à Lucrèce).

André COMTE-SPONVILLE, « Lucrèce et les images de l'invisible », dans *Une éducation philosophique*, PUF, 1989.

Gilles DELEUZE, « Lucrèce et le simulacre », dans *Logique du sens*, Éditions de Minuit, 1969, rééd. « 10-18 », 1973.

Alain GIGANDET, *Fama deum (Lucrèce et les raisons du mythe)*, Vrin, 1998, ainsi que *Lucrèce, atomes, mouvement*, PUF, coll. « Philosophies », 2001.

Pierre GRIMAL, « L'épicurisme romain », dans les *Actes du VIIIe Congrès de l'Association Guillaume Budé*, Les Belles Lettres, 1969, p. 139 à 168 (signalons que ce même gros volume, qui marqua une date dans les études épicuriennes, contient aussi un rapport très riche d'Oliver Bloch sur « L'état présent des recherches sur l'épicurisme grec », ainsi que plusieurs articles consacrés à Lucrèce).

Dr LOGRE, *L'Anxiété de Lucrèce*, J. B. Janin, 1946.

A. A. LONG et D. N. SEDLEY, *Les Philosophes hellénistiques*, Cambridge, 1987, trad. J. Brunschwig et P. Pellegrin, Flammarion, coll. « G.-F. », 2001, en trois volumes (les textes concernant l'épicurisme se trouvent dans le tome 1).

Pierre-Marie MOREL, *Atome et nécessité, Démocrite, Épicure, Lucrèce*, PUF, coll. « Philosophies », 2000. Signalons que le même auteur a publié une édition de poche, particulièrement commode, des fragments de Démocrite et des témoignages qui le concernent : *Démocrite et l'atomisme ancien, fragments et témoignages* (trad. M. Solovine, revue, présentée et commentée par P.-M. Morel), « Pocket », 1993.

Michel ONFRAY, « Sous le signe du pourceau : l'épicurisme gréco-romain », dans *Contre-histoire de la philosophie*, t. I, *Les Sagesses antiques*, Sixième temps, Grasset, 2006 (le chapitre XIII est consacré à Lucrèce).

Geneviève RODIS-LEWIS, *Épicure et son école*, Gallimard, coll. « Bibliothèque des idées », 1975.

Clément ROSSET, « Appendice sur Lucrèce et la nature des choses », dans *Logique du pire*, PUF, 1971, p. 123 à 144. Du même auteur, voir aussi le chapitre IV de *L'Anti-nature* (« Les atomistes de l'Antiquité »), PUF, 1973, rééd. coll. « Quadrige », 1986.

Jean SALEM, *La mort n'est rien pour nous (Lucrèce et l'éthique)*, Vrin, coll. « Bibliothèque d'histoire de la philosophie », 1990. Voir aussi, du même auteur, l'ouvrage consacré à Épicure, *Tel un dieu parmi les hommes (l'éthique d'Épicure)*, Vrin,

1989, ainsi que *L'Atomisme antique (Démocrite, Épicure, Lucrèce),* Le Livre de Poche, 1997, et *Démocrite, Épicure, Lucrèce, la vérité du minuscule,* Encre Marine, 1998.

P.-H. SCHRIJVERS, *Horror ac divina voluptas (études sur la poétique et la poésie de Lucrèce*), Amsterdam, Éd. A. M. Hakkert, 1970.

Michel SERRES, *La Naissance de la physique dans le texte de Lucrèce : fleuves et turbulences,* Éditions de Minuit, 1977.

Francis WOLFF, *Logique de l'élément (clinamen),* PUF, coll. « Croisées », 1981. Du même auteur, qui est l'un de nos meilleurs historiens de la philosophie antique (même si cette œuvre de jeunesse ne le montrait encore qu'imparfaitement) en même temps que l'un de nos plus profonds philosophes, on lira également de très éclairantes remarques sur ce que c'est qu'être « disciple d'Épicure » dans *L'Être, l'homme et le disciple (figures philosophiques empruntées aux Anciens),* PUF, coll. « Quadrige », 2000, chap. VIII et IX.

Enfin, signalons à ceux qui voudraient étudier Lucrèce de plus près qu'il existe trois instruments de travail très précieux : l'*Index Lucretianus* de J. PAULSON, Darmstadt, Wissenschaftliche Buchgesellschaft, 1961 ; les trois volumes de l'édition critique anglaise, qui fait référence, par Cyril BAILEY : *Titi Lucretii Cari De rerum ratura libri sex*, édition, traduction anglaise et commentaires, Oxford, Clarendon Press, 1947 ; le *Commentaire exégétique et critique du « De rerum natura »*, par A. ERNOUT et L. ROBIN (le premier se chargeant des remarques philologiques, le second des commentaires philosophiques), en trois volumes, Les Belles Lettres, 1962 (le premier volume comporte une assez longue introduction sur « l'art de Lucrèce », ainsi qu'une traduction, par A. Ernout, des *Lettres et pensées* d'Épicure).

Table

André Comte-Sponville au Livre de Poche

(sélection de titres)

L'Amour, la solitude n° 30015

L'amour, la sexualité, le désespoir, la solitude, la sagesse… Pour André Comte-Sponville, proche en cela des dizaines de milliers de lecteurs qui ont plébiscité son œuvre, la philosophie n'a d'intérêt que si elle reste au contact de la vie vécue, de l'expérience quotidienne, qu'elle nous aide à éclairer et à approfondir. Dans ces entretiens avec une romancière, un poète et un jeune philosophe, il aborde en toute liberté les grands thèmes qui charpentent son œuvre, n'hésitant pas à dévoiler son parcours personnel pour montrer comment une existence peut être illuminée par la pensée des grands auteurs. Et c'est finalement une invitation à partir nous-mêmes à leur rencontre, de façon à la fois intime et libre, qui nous est faite dans ce petit livre, depuis longtemps devenu un best-seller.

Le capitalisme est-il moral ? n° 30571

Le capitalisme est-il moral ? Nul ne peut se soustraire à la question puisque aucun d'entre nous n'échappe ni à la morale ni au capitalisme. Par son travail, son épargne et sa consommation, chacun participe à un système économique que les uns justifient et que d'autres condamnent au nom de concepts éthiques. Deux démarches intellectuelles que le philosophe André Comte-Sponville passe au crible de l'analyse lucide. Une grille de lecture étonnamment claire, qui débouche sur un appel à la responsabilité.

L'Esprit de l'athéisme n° 31113

Peut-on se passer de religion ? Dieu existe-t-il ? Les athées sont-ils condamnés à vivre sans spiritualité ? Autant de questions décisives en plein « choc des civilisations » et « retour du religieux ». André Comte-Sponville y répond avec la clarté et l'allégresse d'un grand philosophe mais aussi d'un « honnête homme », loin des ressentiments et des haines cristallisés par certains. Pour lui, la spiritualité est trop fondamentale pour qu'on l'abandonne aux intégristes de tous bords. De même que la laïcité est trop précieuse pour être confisquée par les antireligieux les plus frénétiques. Aussi est-il urgent de retrouver une spiritualité sans Dieu, sans dogmes, sans Église, qui nous prémunisse autant du fanatisme que du nihilisme. André Comte-Sponville pense que le XXe siècle sera spirituel et laïque ou ne sera pas. Il nous explique comment. Passionnant.

Le Goût de vivre n° 32485

Philosopher pour tous, sans préparation, sans précaution, et dans la langue commune : tel était le pari d'Alain, dans ses célèbres *Propos*. Tel est celui d'André Comte-Sponville, dans les siens. La philosophie, pour lui, est le contraire d'une tour d'ivoire ; elle n'existe que dans le monde, que dans la société, et d'autant mieux qu'elle ne cesse de s'y confronter. Écrire dans les journaux, c'est penser dans la Cité, comme il convient, et pour elle. Ces 101 propos, le plus souvent inspirés par l'actualité, constituent la plus vivante des introductions à la philosophie, mais aussi davantage : un livre de sagesse et de citoyenneté.

Présentations de la philosophie n° 15332

Philosopher, c'est penser par soi-même, chercher la liberté, et le bonheur, dans la vérité. Mais nul n'y parvient sans l'aide de la pensée des autres, sans ces philosophes qui, depuis l'Antiquité, ont voulu éclairer les grandes questions de la vie humaine. Pour nous aider dans nos premiers pas, André Comte-Sponville nous propose ici douze thèmes éternels, tels que la politique et la morale, l'amour et la mort, la connaissance et la sagesse… Se référant aux principaux courants philosophiques, il nous invite à continuer ensuite l'exploration par nous-mêmes, en nous proposant un guide détaillé des œuvres et des auteurs essentiels de la philosophie occidentale. Donner l'envie à chacun d'aller y voir de plus près, l'aider à y trouver à la fois du plaisir et des lumières : telle est l'ambition d'André Comte-Sponville, spécialiste qui n'a pas oublié l'appel de Diderot : « Hâtons-nous de rendre la philosophie populaire ! »

Du même auteur :

TRAITÉ DU DÉSESPOIR ET DE LA BÉATITUDE (tome 1, LE MYTHE D'ICARE, tome 2, VIVRE), PUF, 1984 et 1988 ; rééd. en un seul volume, coll. « Quadrige », 2002.

UNE ÉDUCATION PHILOSOPHIQUE, PUF, 1989.

POURQUOI NOUS NE SOMMES PAS NIETZSCHÉENS (en collaboration), Grasset, 1991.

L'AMOUR, LA SOLITUDE, Paroles d'Aube, 1992 ; Albin Michel, 2000.

« JE NE SUIS PAS PHILOSOPHE » (MONTAIGNE ET LA PHILOSOPHIE), Éditions Honoré Champion, 1993.

VALEUR ET VÉRITÉ (ÉTUDES CYNIQUES), PUF, 1994.

ALBERT CAMUS, DE L'ABSURDE À L'AMOUR (en collaboration), Paroles d'Aube, 1995 ; rééd. La Renaissance du Livre, 2001.

PETIT TRAITÉ DES GRANDES VERTUS, PUF, 1995 (Prix La Bruyère de l'Académie française) ; rééd. Le Seuil, coll. « Points », 2001.

ARSÈNE LUPIN, GENTILHOMME PHILOSOPHEUR (avec François George), L'aiguille Preuve, 1995 ; rééd. Le Félin, 1996.

IMPROMPTUS, PUF, 1996.

DE L'AUTRE CÔTÉ DU DÉSESPOIR (INTRODUCTION À LA PENSÉE DE SVÂMI PRAJNÂNPAD), Éditions Jean-Louis Accarias-L'Originel, 1997.

La Sagesse des Modernes (avec Luc Ferry), Robert Laffont, 1998 ; rééd. Pocket, 1999.

L'Être-temps, PUF, 1999.

Le Gai Désespoir, Alice Éditions (Liège), 1999.

Chardin, ou la matière heureuse, Éditions Adam Biro, 1999 ; rééd. Hermann *(La Matière heureuse, réflexions sur la peinture de Chardin)*, 2006.

Le Bonheur, désespérément, Éditions Pleins Feux, 2000 ; rééd. Librio, 2002.

Présentations de la philosophie, Albin Michel, 2000 ; rééd. Le Livre de Poche, 2002.

Lucrèce, poète et philosophe, La Renaissance du Livre, 2001.

Dictionnaire philosophique, PUF, 2001.

Le capitalisme est-il moral ?, Albin Michel, 2004.

La Plus Belle Histoire du bonheur (en collaboration), Le Seuil, 2004.

La Philosophie, PUF, coll. « Que sais-je ? », 2005.

La Vie humaine (avec des dessins de Sylvie Thybert), Hermann, 2005.

L'Esprit de l'athéisme (introduction à une spiritualité sans Dieu), Albin Michel, 2006.

Du corps, PUF, 2009.

Le Goût de vivre, Albin Michel, 2010.

Le sexe ni la mort (trois essais sur l'amour et la sexualité), Albin Michel, 2012.

Du tragique au matérialisme (et retour), PUF, 2015.

C'est chose tendre que la vie (entretiens avec François L'Yvonnet), Albin Michel, 2015.

Le Plaisir de penser (Une introduction à la philosophie), Vuibert, 2015.

L'Inconsolable et autres impromptus, 2018.

PAPIER À BASE DE FIBRES CERTIFIÉES

Le Livre de Poche s'engage pour l'environnement en réduisant l'empreinte carbone de ses livres. Celle de cet exemplaire est de :
950 g éq. CO_2
Rendez-vous sur
www.livredepoche-durable.fr

Composition réalisée par PCA

Imprimé en France par CPI
en février 2019
N° d'impression : 2042308
Dépôt légal 1re publication : mai 2010
Édition 05 - février 2019
LIBRAIRIE GÉNÉRALE FRANÇAISE
21, rue du Montparnasse - 75298 Paris Cedex 06